선택본원염불집

選擇本願念佛集

아미타불의 본원을 선택하라

- 선택본원염불집選擇本願念佛集 -

1판 1쇄 펴낸 날 2016년 4월 21일

지은이 법연상인 **옮긴이** 수마제 스님 **발행인** 김재경 **기획 · 편집** 김성우 **교정 · 교열** 이유경
디자인 최정근 **마케팅** 권태형 **인쇄** 해인프린팅

펴낸곳 도서출판 비움과소통 서울시 구로구 구로동로 206, 1층 **전화** (02)2632-8739
팩스 0505-115-2068 **이메일** buddhapia5@daum.net **트위터** @kjk5555 **페이스북 ID** 김성우
홈페이지 http://blog.daum.net/kudoyukjung **출판등록** 2010년 6월 18일 제318-2010-000092호

ISBN : 978-89-97188-96-3 03220

책값은 뒤표지에 표시되어 있습니다.
잘못된 책은 교환해 드립니다.

불교 또는 동양고전, 자기계발, 경제 · 경영 관련 원고를 모집합니다.
※ 법보시용 불서는 특별보급 합니다.

선택본원염불집

選 擇 本 願 念 佛 集

법연상인(法然上人) 찬술(撰述)
수마제 스님 번역

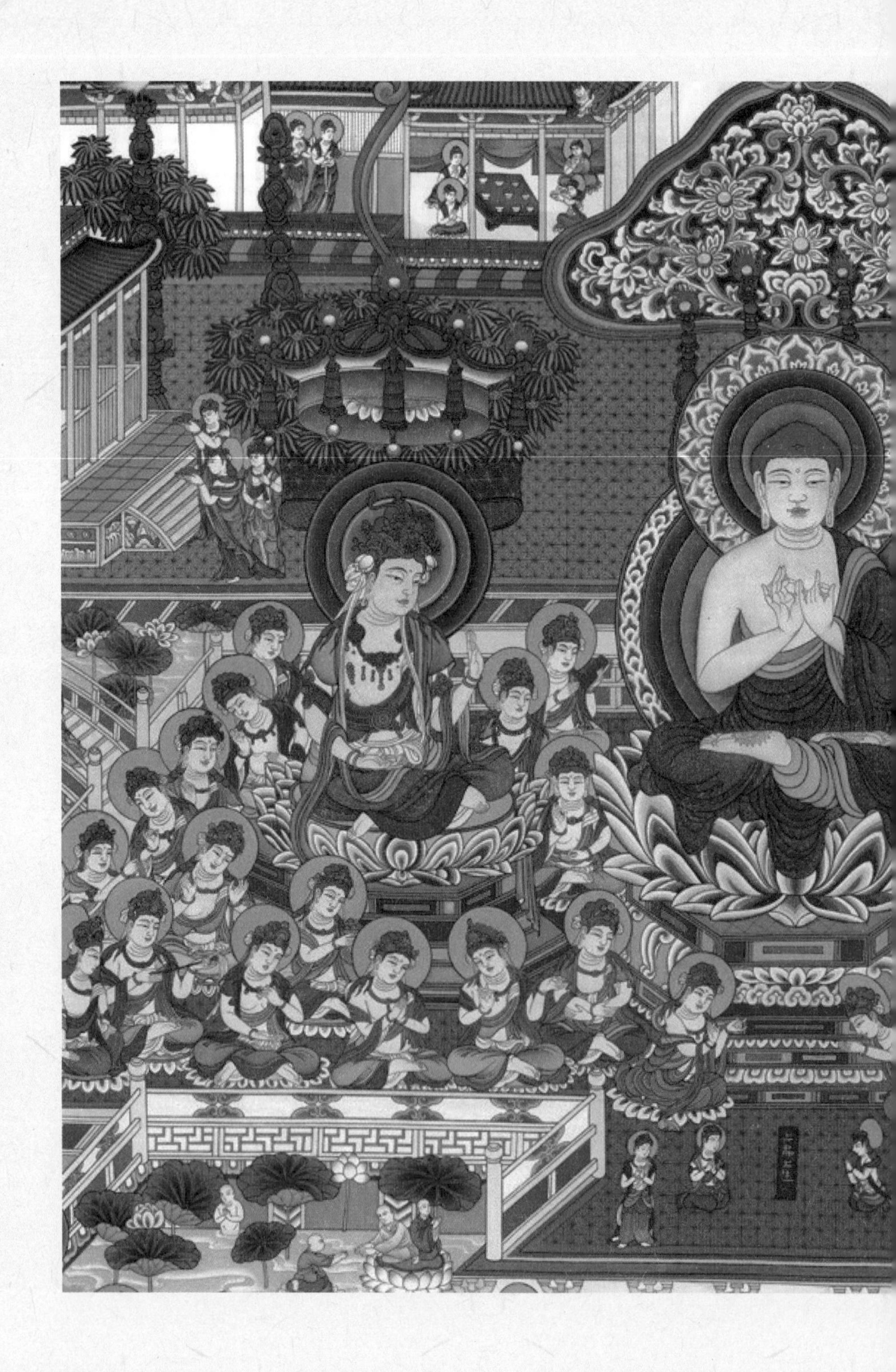

극락세계 장엄도

극락세계 접인도

아미타여래와 관음보살(오른쪽), 대세지보살

대세지보살

선도대사

법연상인

대세지보살

불교의 위기시대, 대안은 염불에 있다

최근 몇 년 사이에 국민의 심성을 순화하고 도(道)와 덕(德)이 높은 참사람을 길러내야 할 종교가 본연의 역할을 하지 못하고 있다는 자성의 목소리가 높다. 게다가 일부 종교의 성직자들이 각종 비리로 국민의 지탄을 받기에까지 이른 것은 종교인으로서 부끄러운 일이자, 참회해야 할 일이 아닐 수 없다. 이른 바 '종교의 위기'시대에 불교 역시, 오탁악세(五濁惡世)의 먹구름을 피해가지 못하는 것인가. 조계종과 태고종을 비롯한 불교종단 역시 수행기풍의 문란과 승단내부의 갈등, 일부 사이비 승려의 비리로 절대절명의 위기에 처해있다.

불교가 누란지위(累卵之危)에 처한 것은 근원적으로는 조선왕조 500년의 숭유억불(崇儒抑佛)정책과 일제 강점기의 불교탄압 등 역사적인 원인이 누적된 것이 큰 원인일 수 있을 것이다. 하지만 보다 직접적으로는 자본주의의 폐해가 승가에까지 침투하여 일부 승려들이 수행 보다는 잿밥에 관심을 기울인 과보(果報)가 현실로 드러나기 시작한 것이 아닌가 한다.

특히, 수행이 원만하지 못한 일부 스님들의 '책 보지 마라', '염불은 하근기나 하는 수행이다'라는 등 교학을 무시하고 염불을 등한시한 과보는 무서우리만치 우리 불교를 황폐화시켰다. 이로 인해 사성제(四聖諦)와 팔정도(八正道)도 모르는 기본도 갖추지 못한 불자와 신심도 실천도 자비심도 없이 아만(我慢)만 치성한 구두선(口頭禪), 문자선(文字禪)에 머무는 사이비 불자들로 양극화가 벌어지고 만 것이다. 수행가풍의 문란은 급기야 불법승 삼보에 대한 존경심을 잃게 하고 불심(佛心)이라고는 겨자씨만해진 냉담자들을 양산하였으니, 이는 모든 사부대중의 공동 책임이 아닐 수 없을 것이다.

그렇다면, 위기의 한국불교는 어떻게 해야 다시 찬란한 법등(法燈)을 밝힐 수 있을 것인가. 그 대안의 하나는 염불이라고 필자는 확신한다. 불과 50년 전만 해도 기독교 세가 강했던 대만이 불자가 80%에 달하는 불교국가가 된 데에는 신심 깊은 염불행자들이 큰 역할을 하였다. 아울러 문화대혁명 과정에 철저히 파괴된 중국불교가 거대한 용틀임을 하고 있는 것도 염불수행의 힘이 기반이 되고 있다. 침체된 한국불교가 다시 살아나 통일한국을 불국토로 만들기 위해서는 부처님의 지혜를 깊이 믿는 신심(信心)이 전제되지 않고서는 절대로 불가능한 일이다.

"믿음은 도의 근원이며 공덕의 어머니요[信爲道元功德母] 온갖 착한 행위에 이르는 길을 키워주네[長養一切諸善法]. 의심의 그물을 끊고 애착을 벗어나서[斷除疑網出愛流] 위없는 열반의 길을 열어 보이네[開示涅槃無上道]."(화엄경 현수품)

도의 근원이자 공덕의 어머니인 믿음을 갖추기 위해서는 염불이 가장 빠르고 효과적인 수행이 아닐 수 없다. 삼국을 통일한 신라의 힘이 원효대사와 의상대사의 가르침에 따라 마을마다 고을마다, 남녀노소 부귀빈천을 떠나 염불한 백성의 발원(發願)에서 기인한 사실을 상기한다면 염불이 얼마나 위대한 수행법인가를 확인할 수 있을 것이다.

이런 의미에서 선택본원염불집(選擇本願念佛集)의 발간이 갖는 의미는 적지 않다. 이 책은 대세지보살의 응신으로 불리는 법연상인(法然上人: 1133~1212)이 일본에 칭명염불을 위주로 하는 정토종을 창종하였듯이, 우리나라에서도 원효-의상대사의 염불수행이 되살아나기를 바라는 염원이 담겨있는 것이다.

법연상인 이전의 일본불교는 비록 대소승의 각 종파가 있었으나 유일하게 정토종만 없었다. 따라서 정토문(淨土門)의 교단이 없을 뿐더러 정토문에서 정식으로 의지하는 소의경전과 교상(教相)상의 이론체계가 구축되지 않았으므로, 왕생의 행체(行體)에 대해서 자세히 알 수가 없었다. 비록 당시에도 서방정토 왕생을 발원한 행자들이 없지는 않았지만, 모두 각 종파의 교리에 의탁하여 잡행잡수

(雜行雜修)를 하면서 회향을 하였으니, 이른바 '종속적인 종파(寓宗)'라 불리게 되었고, 게다가 각 종파의 교리로써 아미타의 정토를 판별하였으므로 정토의 의보(依報)와 정보(正報) 및 왕생의 정인(正因)은 각 종파의 종의(宗義)에 따라 큰 차이가 있었다.

법연상인은 이 점을 고려하여 기존의 종파 외에 따로 정토종을 창종하고 이 선택본원염불집을 저술하여 개종입교(開宗立教)의 근본교전으로 삼았으니, 이때에 이르러서야 아미타불의 본원의 의취(意趣)와 왕생의 행체(行體)가 남김없이 드러나게 된 것이다. 선도대사의 종지를 따르고 있는 이 책에는 진종(眞宗)의 핵심 요지와 염불의 깊은 뜻이 다 들어있어 보는 사람들이 쉽게 이해할 수 있으니, 염불행자들은 물론 일반 불자들에게도 더없이 깊은 보전이 될 것이다. 고통스런 육도의 윤회를 벗어나 깨달음의 세계(極樂)로 들어가, 다시는 퇴전하거나 매(昧)하지 않는 불퇴전(不退轉)의 경지에서 성불(成佛) 공부를 완성하고자 하는 수행자는 마음을 비우고 이 책을 자세히 읽고 깊이 연구하길 바란다. 그리하면 반드시 큰 안심(安心)을 얻고 생사(生死)에 자재한 대자유인의 길을 걷게 될 것이다.

오랜 병환 중에도 이 책을 번역해주신 수마제스님과 법연상인 행장 서술에 필요한 자료를 제공해 주신 건봉사 정전스님, 그리고 책의 발행에 물심양면으로 마음을 모아주신 도반님들과 책을 읽고 이웃에게 전하시는 모든 분들께 진심으로 감사의 말씀을 전합니다. 이 공덕으로 함께 왕생극락하여 무생법인(無生法忍)을 증득하고 성불하여 일체중생을 구제하는 부처님이 될 것을 발원합니다.

나무아미타불!

2014(갑오)년 12월 6일 미타재일에

도서출판 비움과소통 대표

김성우 합장

| 목차 |

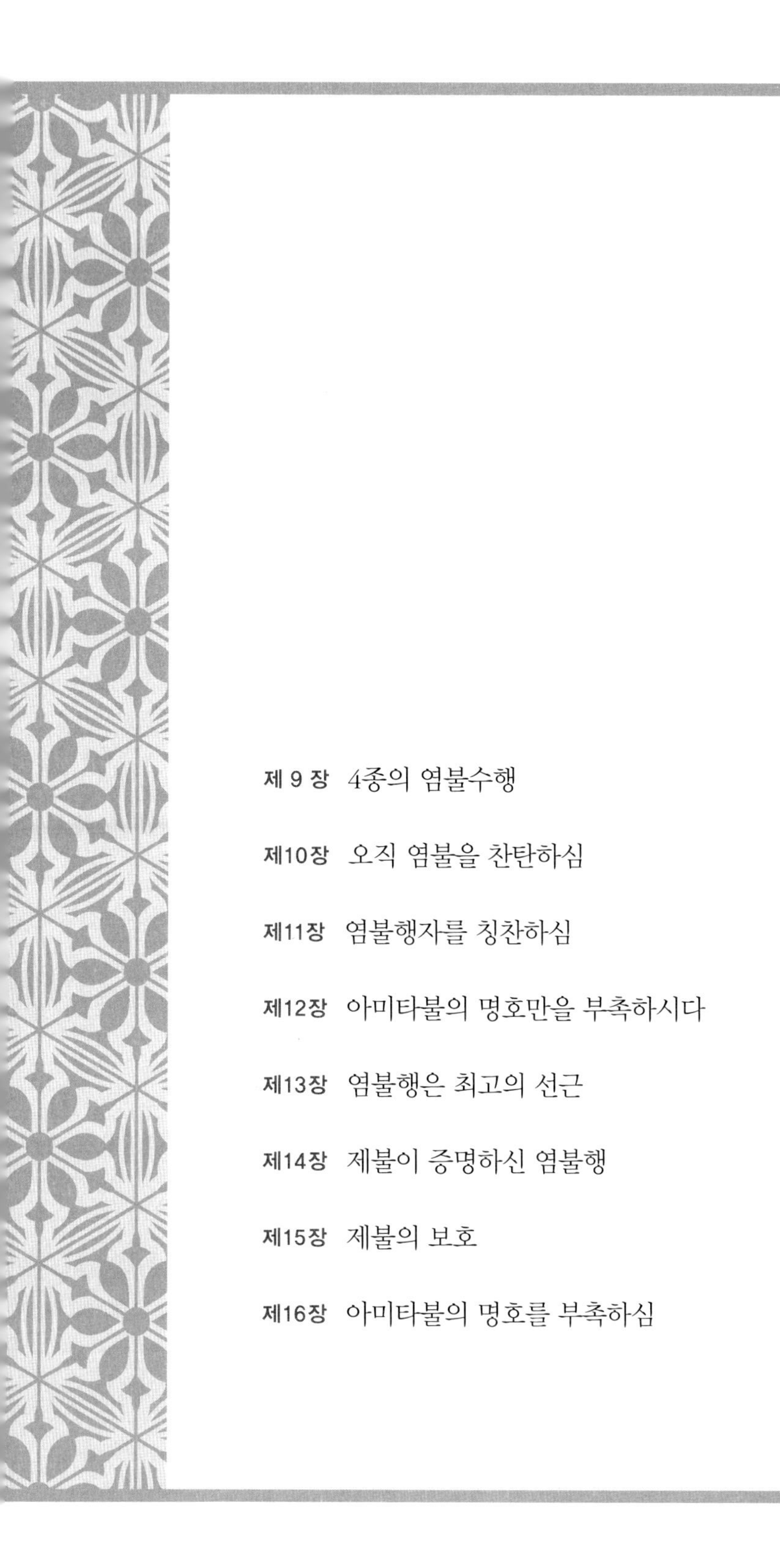

대세지보살

대세지보살의 응화신(應化身) 법연상인

법연(法然: 1133~1212)상인은 일본 정토종(淨土宗)의 개조(開祖)로서 대세지보살(大勢至菩薩)의 응신(應身)으로 존중받았다. 휘는 원공(圓空)이고 호는 법연방(法然房)이다. 9세 때 부친의 유언에 따라 그 지방의 보리사(菩提寺)로 출가하여 관각(觀覺)스님으로부터 가르침을 받았다. 13세 때는 관각스님의 추천으로 비예산 원광(願光)스님 문하로 들어갔으며, 이어 황원(皇圓)스님에게 대승계를 받고 천태학을 배웠다. 상인은 교학에는 뛰어났으나 불교교리를 충분히 이해할 수 없어서 18세 때 흑곡(黑谷)으로 들어가 은거하며 예공(叡空)스님에게 배웠다.

예공스님은 일승원계(一乘圓戒)를 지닌 화상이자 삼밀(三密)의 가르침을 전수 받은 대 아사리로, 상인에게 법연(法然)이라는 호와 원공(源空)라는 이름을 지어주었다. 이는 최초의 스승인 원광의 '원

(源)'자와 뒤의 스승인 예공의 '공(空)'자를 취한 것이다. 이로부터 상인은 원돈대계(圓頓大戒)를 받고 그 정통을 계승하였으며 요가(瑜伽)의 비법까지 전수 받았다.

그러나 궁극의 진리에 대한 의문은 여전히 풀리지 않았으므로, 24세 때 각지를 돌아다니며 유명한 스승을 찾아가 각 종파의 깊은 뜻을 참구하였다. 하지만 그는 해답을 얻지 못한 채 다시 흑곡으로 돌아와 보은장(報恩藏)에서 대장경을 열람하였다. 상인은 대장경을 무려 다섯 번이나 읽었으며 불가사의한 지혜[神智]는 더욱 깊어졌다. 또한 내전(內典)에만 정통한 것이 아니라 모든 제자백가의 서적들을 읽고 잘 기억해 세상 사람들은 그를 '지혜제일(智慧第一)'이라 불렀다.

상인은 여러 종파의 교리를 깊이 알 뿐만 아니라 수행 체험 역시 많았다. 삼칠(21)일을 기한으로 정하고 법화삼매(法華三昧)를 닦았는데, 이에 감응하여 보현보살이 흰 코끼리를 타고 오시어 증명해준 적이 있었고, 산왕(山王) 다이곤겐(大權現)이 모습을 드러내 호위하기도 했다. 매번 진언종의 비밀스런 관법에 들 때는 늘 연화와 갈마(羯摩), 보주(寶珠)와 같은 상서로운 조짐[瑞相]을 감응하였다. 특히 밤에 독경할 때에 이마에서 빛을 놓아 등불을 밝힐 필요가 없었으며, 야간에는 실내에 등이 없어도 저절로 밝아 마치 대낮과 같아 대중이 모두 불가사의하게 여겼다. 관경(觀經)에서 이르길 "대세지보살의 또 다른 이름이 무변광(無邊光)이시니 지혜의 광명으로 일체를 두루 비추신다"라고 하였다. 이에 대해 대만의 혜정스님은 선택집(選擇集) 편서(編序)에서 "상인은 대세지보살의 응신(應身)인 까닭에 늘 광명을 나투는 것도 자연스러운 일이다"라고 하였다.

그러나 진리에 대한 상인의 마음은 여전히 부족하다 여겼는데, 43세 때 드디어 중국 선도(善導)대사의 관무량수경소[觀經疏]를 읽다가 아미타불의 거룩한 본원(本願)을 깨닫고 오랜 의문의 구름이 걷히듯 환하게 해결되었다. 이것이 전수염불종(專修念佛宗)이 개종된 역사적인 순간이다. 이때 법연상인은 "무거운 죄와 어지러운 생각을 갖고 있는 범부가 아미타불의 본원력(本願力)을 강한 인연으로 삼아 결정코 극락의 보토(報土)에 왕생할 수 있다"고 하면서 크게 기뻐함이 마치 어두운 밤에 밝은 등불을 만난 것 같았다. 이에 어느 날 밤 꿈에 선도대사가 나타나 말하기를, "나는 당나라 선도이니라. 그대가 전수염불을 크게 유통하는 까닭에 증명하러 왔노라. 이후로 홍법(弘法)이 막히지 않아 널리 사방의 멀리 떨어진 곳까지 미칠 것이니라"고 하였다. 선도대사는 아미타불의 화신(化身)으로 부처님의 뜻에 부합하는 까닭에 증명을 해주러 오신 것이다.

드디어 상인은 43세에 낙동(洛東) 길수(吉水)에 암자를 짓고, 사람들에게 아미타불 염불을 권하니 비로소 정토종이 일본에서도 모습을 드러내게 된 것이다. 종래의 일본불교는 자력(自力)수행에 의한 깨달음을 구한 것에 반해, 그는 번뇌를 끊지 못한 범부를 위해 아미타불의 구제가 있음을 확신시키면서 오로지 칭명염불을 할 것을 설하였다. 그러자, 멀고 가까운 사부대중이 감복하여 귀의함이 마치 모든 하천이 다 바다로 흘러 들어가는 것과 같았다. 심지어 다카쿠라(高倉) 천황까지 상인의 도가 높다는 소문을 듣고 특별히 궁내로 초청하여 정토종의 요지를 강의하게 하니 왕비와 궁녀, 고위 백관의 권속에 이르기까지 모두 그 가르침을 받들기에 이르렀다.

한 때, 영산사(靈山寺)에서는 21일간 불칠(佛七) 법회를 거행한 적이 있었는데, 5일째 되는 한밤중에 한 두 사람이 대세지보살이 대중을 따라서 경행염불(經行念佛)하는 것을 보고서 앞으로 나아가서 절을 하며 한참 동안 우러러보니, 보살의 모습이 비로소 법연상인의 모습으로 변하였다. 이때서야 비로소 상인이 대세지보살의 응화신(應化身)임을 알게 되었다. 7일째 밤이 되어 도량의 등불이 다 꺼졌으나 실내는 여전히 환하게 밝으니, 대중들이 기뻐하고 불가사의함을 느끼며 더욱 더 정진하였다.

또한 제자 승법(勝法)이 상인의 상을 그린 적이 있었는데 상인에게 직접 초상화의 제찬(題贊)을 청하니, 상인은 생각도 않고 즉시 세지원통장(勢至圓通章)의 "나는 본래 인지에서 염불하는 마음으로 무생법인을 증득하였고 지금 이 세계에서도 염불인을 거두어 정토에 돌아가게 하니라[我本因地 以念佛心 入無生忍 今於此界 攝念佛人 歸於淨土]"라는 글을 적어서 주셨다.

산슈(讚州)의 생복사(生福寺)에 계실 때, 상인은 손으로 직접 대세지보살상을 조각하여 복장에 들어가는 게송 한 편을 지으셨다. 게

송에는 '법연의 본지신(本地身)은 대세지보살이고 중생을 제도하기 위한 까닭에 이 도량에 몸을 나투어 안치(顯置)한다'는 문구가 있었다.

54세 때 상인은 천태종 현진(顯眞)스님의 초청으로 대원승림원에서 전수염불의 가르침을 설했는데, 그 결과 많은 사람들이 귀의하였으며 그 명성이 더욱 널리 퍼졌다. 66세 때 법연상인은 전수염불의 교리를 조직화하기 위해 이 책 선택본원염불집(選擇本願念佛集)을 저술하기에 이르렀다.

한편 전수염불의 성행에 따른, 구불교의 반발도 심했다. 1204년에는 천태종의 승려들이, 다음 해에는 여덟 종파가 조정에 똑같은 상소문을 올려 1207년 2월, 전수염불 정지 명령이 내려지고 법연상인은 75세의 고령에 환속되어 토좌(土佐)로 유배되었다. 상인은 그해 12월에 사면되었지만 수도로 돌아가지는 못하고 대판의 승미사(勝尾寺)에 머물렀다. 4년 후인 79세 때 가까스로 수도로 돌아오는 것이 허락되어 귀환했으나, 고령으로 인해 다음 해 정월 입적하셨다.

상인은 80세가 되던 해, 2월 25일 정오에 왕생하셨는데, 이미 수일 전에 제자들에게 "나의 전신은 인도의 성문승(聲聞僧)이었는데, 항상 두타행을 닦았었다. 이번에 본국에 와서 천태종을 배우고 나중에는 정토문을 열어 오로지 염불법을 선양하였다"라고 하셨다.

제자 세관(勢觀)이 "성문승 가운데 어떤 분이셨습니까?"라고 묻자, 상인은 "사리불이네"라고 답했다.

또 어떤 제자가 "스승님께서는 지금 극락세계에 왕생하시는 것입니까?"라고 묻자, 상인은 "나는 본래 극락의 사람이었으니 당연히 극락으로 돌아갈 것이다."라고 답했다.

이에 대해 대만의 혜정스님은 선택집(選擇集) 편서(編序)에서 이렇게 해설하였다. "사리불은 석존(釋尊)의 10대 제자 중에 '지혜제일'이었으며, 부처님께서 아미타경을 설하실 때, 사리불을 36번 부르면서 그를 대고중(對告衆: 경을 설하는 대상)으로 삼았었다. 사리불 존자가 대세지보살의 응화신이었고, 대세지보살 역시 아미타불의 지혜의 나툼인 까닭에 똑같이 '지혜제일'이라 불리고, 똑같이 '정토법문'을 계승한 것도 너무나 자연스러운 일인 것이다."

왕생 3일 전인 22일, 상인의 제자들이 모두 쉬러 가고 오직 제자 세관 한 사람만 남아 있었다. 이때 한 귀부인이 수레를 타고 와서 혼자 상인과 대면하기를 요청하고는 오랜 시간 이야기를 나누었다. 귀부인이 돌아갈 때 세관은 자못 이상하다는 생각이 들어 그 뒤를 따라 나섰지만 멀리가지 않아 홀연히 사라졌다. 세관이 돌아와서 상인에게 여쭈어보니 상인은 "그녀는 위제희 부인이시다"라고 회답하였다.

23일부터 25일까지 고성염불(高聲念佛)을 하니 인연 있는 승려와 속인(道俗)들이 뜰 안에 가득 모여 다 같이 염불을 하였다.

25일 정오가 되자 상인은 승가리(僧伽梨)를 입고 머리는 북쪽으로, 얼굴은 서쪽을 향하고서 "광명이 시방세계를 두루 비추어 염불 중생을 섭취하여 버리지 않으시네[光明遍照, 十方世界, 念佛衆生, 攝取不捨]"라는 게송을 읊으시며 기쁜 기색으로 입적하시니, 세수(世壽) 80세, 승납(僧臘) 66세이었다.

상인께서 왕생하신 지 16년 후에 제자들은 유체(遺體)를 모신 돌로 된 감실을 열어보았는데, 온 몸은 엄숙하고 위엄이 있었으며 얼굴에는 기쁨이 가득하고 기이한 짙은 향내가 났다. 승려와 속인 천여 명이 유골을 호송하여 서쪽 교외로 옮겨서 다비(荼毘)를 할 때, 기이한 향기가 풍기고 자줏빛 구름이 소나무에 드리웠기에 '자운송(紫雲松)'이라 이름을 지었다. 이곳에 건물을 짓고 오랫 동안 염불을 하였으니, 지금의 광명사(光明寺)가 그 유적이다.

법연상인은 일본 원신(源信)스님의 왕생요집(往生要集)에 근거하여 정토사상을 심화시키고, 중국 선도대사의 관무량수경소에 의해 칭명염불 한 가지만을 택하여 전수염불을 확립하였다. 이리하여 법연상인은 정토종을 창종하고, 정토삼부경(淨土三部經)과 세친보살의 정토론을 소의경론으로 삼았다. 그는 선도대사로부터 이어지는 정토종의 계보를 세워 일본에서 전수염불이 끊이지 않고 현재에 이르도록 하였다.

제 1 장

깨달음과 구제, 성도문과 정토문

도작선사(道綽禪師)가 성도문(聖道門)과 정토문(淨土門)의
두 가지 문(門)을 설립하였으나,
성도문을 방기(放棄)하고 정토문에 귀의할 것을 권하는 글.

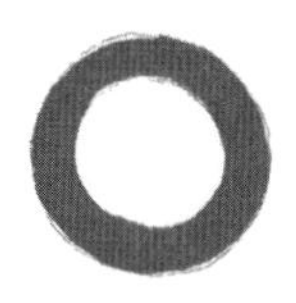

중화(中華)의 도작선사는 그의 저서 안락집(安樂集) 상권(上卷)에서 다음과 같이 말하고 있다

질문함이라.

일체중생은 누구라도 부처님이 될 수 있는 본성(本性: 佛性)이 있다고 한다. 그렇다면 오랜 옛날부터 오늘에 이르도록 이들은 당연히 많은 부처님들의 가르침을 받았을 것이다. 그런데 어찌하여 오늘날까지 이 몸은 생사의 갈림길에서 분주히 헤메고 있으며 번뇌의 늪에서 헤어나지 못하고 있단 말인가?

대답함이라.

대승불교(大乘佛敎)의 훌륭한 가르침에 의한다면 두 가지 뛰어난 교법(敎法)이 있는데, 이에 그 법으로써 생사의 방황을 거두어 버리지 않으면 번뇌의 불길이 치솟는 이 세상을 빠져나갈 수가 없다.

그럼 도대체 그 두 가지 교법(敎法)이란 무엇인가.

❶첫 번째는 성도문(聖道門)이요, ❷두 번째는 왕생정토문(往生淨土門)이라.

그 중에서 성도문은 오늘날 우리가 깨우침을 얻기란 참으로 어렵다. 그 이유는 첫째로 대성(大聖) 석가모니부처님이 열반(涅槃)하신 지 세월이 너무 많이 흘렀기 때문이다. 둘째로는 체득해야 할 교리는 심오한데 비하여 그것을 체득해야할 오늘날의 사람들은 그 깊은 교리에 비하여 이해하는 능력이 너무 뒤떨어져 있기 때문이다. 그래서 대집경(大集經)의 월장분(月藏分)에서도 다음과 같이 설하고 있다.

"나의 법이 말법시대(末法時代)가 되면 수많은 사람들이 수행을 하여 불도를 얻으려고 하여도 단 한 사람도 진리를 터득하여 개오(開悟)할 수 없을 것이다."

그런데 바로 오늘날이 말법의 시대로서 오탁(五濁)의 악세(惡世: 더럽고 부정한 것이 꽉 찬 세상)이다. 그렇기 때문에 성도문은 불도를 깨달을 수 있는 문(門)이 못되고, 정토의 일문(一門)만이 불도를 성취할 수 있는 요긴한 요로(要路)가 된다. 그리하여 무량수경에서도 "예를 들어 만일 어떠한 사람이 비록 일생 동안 나쁜 일만을 일삼아왔다 하여도 생명이 다해 숨이 넘어가려고 할 때에 내 이름을 열 번만 불러도 정토에 왕생하도록 하겠다. 그러나 이에 있어 만일 왕생을 성취하지 못한다면 나는 부처가 되지 않겠다"고 설하고 있다.

또 모든 사람들은 자기의 능력을 뒤돌아보고 자기의 능력을 자세히 헤아려 성찰하려고 하지 않는다. 예를 들어 대승불교의 입장에서 말한다면, 말법시대에는 진여(眞如)나 실상(實相)이나 또 그것들의 본체까지도 공(空)이라는 불교 근본원리에 주의하면서 수행하는 자가 전혀 없다.

다음은 소승불교(小乘佛敎)의 입장에서 말한다면, 말법시대에는 최초의 성스러운 행인 사제(四諦)를 명료하게 관찰하여서 더욱 수련하거나 또는 불환과(不還果)나 아라한과(阿羅漢果)의 수행단계에 도달한 성자가 되어서 본능적인 모든 욕망이나 번뇌를 물리치려고 하지 않는다. 오히려 도속(道俗)에 관계없이 그 일부분조차도 실천하는 자가 없다. 아무리 인간계(人間界) 천상계(天上界)에 태어날 수 있는 과보를 받고 태어났다 하여도 그것은 사실 오계(五戒) 십선(十善)을 잘 지킨 과보로써 얻어지는 것이다. 그럼에도 불구하고 오계나 십선을 수호하여 지키고 보전하려고하는 자는 지극히 희소하다. 그뿐이 아니다. 오히려 나쁜 일을 하거나 죄업을 짓거나 하는 것이 마치 오히려 폭풍이나 억수로 쏟아지는 소낙비처럼 지금 난폭하게 행해지고 있지 않는가?

바로 그러하기 때문에 모든 부처님들은 크나큰 자비로써 아미타부처님의 정토에 귀명(歸命)할 것을 권하고 계시는 것이다. 비록 일생 동안 나쁜 일을 하였다 하여도 오직 정성을 다하여 오로지 염불을 한다면 일체 죄의 업장(業障)은 자연히 소멸하여 반드시 서방정토극락세계에 왕생할 수 있는 것이다.

이와 같은 훌륭한 가르침이 있는데도 어찌하여 요즈음 사람들은 깊이 생각도 하지 아니하고 서방정토 극락세계에 왕생하려고 하지 아니하는가?

이와 같이 설하고 있는 안락집(安樂集)의 글에 대해서 나의 생각을 잠시 말해보겠다. 처음으로 실천해야 할 가르침을 세우는 방법은 여러 가지로 이에 그 종파에 따라 서로 상이할 수가 있다.

예를 들어, 법상종(法相宗)의 경우는 삼시교(三時敎)로 분류하여 체계를 세워 석존이 일대(一代)에 걸쳐 설하신 가르침의 의도를 분명하게 하였다. 즉 ❶유(有) ❷공(空) ❸중의 삼시(三時)가 바로 그것이다.

삼론종(三論宗)에서는 이장(二藏)의 가르침을 분류하여 석존이 설하신 의도를 체계화하였다. 이르는 바 ❶보살장(菩薩藏) ❷성문장(聲聞藏)이 그것이다.

화엄종(華嚴宗)은 오교(五敎)로 분류하여 체계를 세워 모든 부처님의 가르침을 받아들이고 있다. ❶소승교(小乘敎) ❷시교(始敎) ❸종교(終敎) ❹돈교(頓敎) ❺원교(圓敎)가 그것이다.

천태종(天台宗)은 사교(四敎)와 오미(五味)의 분류에 의하여 체계를 세우고 모든 부처님의 가르침을 받아들이고 있다. 사교(四敎)라고 하는 것은 이르는 바 ❶장교(藏敎) ❷통교(通敎) ❸별교(別敎) ❹원교(圓敎)를 말한다. 오미(五味)라는 것은 ❶유미(乳味) ❷락미(酪味) ❸생미(生味) ❹숙미(熟味) ❺제호미(醍醐味)를 말하는데, 이 오미를 가지고 석존 일대의 가르침을 분류하고 체계를 세웠다.

진언종(眞言宗)은 이교(二教)를 가지고 분류하고 체계를 세워 부처님의 가르침을 받아들이고 있다. 이른바 현교(顯教)와 밀교(密教)가 그것이다.

지금 우리의 정토종(淨土宗)은 도작선사의 방법에 의하여 두 가지 문으로 분류하고 체계를 세워 불교의 모든 가르침을 받아들이고 있다. 이른바 성도문과 정토문이 그것이다.

《安樂集》上雲：問曰：一切衆生, 皆有佛性, 遠劫以來, 應值多佛, 何因至今, 仍自輪回生死, 不出火宅?

答曰：依大乘聖教，良由不得二種勝法，以排生死，是以不出火宅。何者爲二？一謂聖道，二謂往生淨土。其聖道一種，今時難證，一由去大聖遙遠，一由理深解微。是故《大集月藏經》雲：「我末法時中，億億衆生，起行修道，未有一人得者。當今末法，現是五濁惡世，唯有淨土一門，可通入路。」是故《大經》雲：「若有衆生，縱令一生造惡，臨救終時，十念相續，稱我名字，若不生者，不取正覺。」

又複一切衆生，都不自量，若據大乘，真如實相，第一義空，曾未措心：若論小乘，修入見諦修道，乃至那含羅漢，斷五下除五上，無問道俗，未有其分。縱有人天果報，皆爲五戒十善，能招此報，然持得者甚希：若論起惡造罪，何異暴風駛雨。是以諸佛大慈，勸歸淨土。縱使一形造惡，但能系意專精，常能念佛，一切諸障，自然消除，定得往生。何不思量，都無去心也！

私雲：竊計夫立教多少，隨宗不同。且如「有相宗」立三時教，而判一代聖教，所謂有、空、中是也。如「無相宗」立二藏教，以判一代聖教，所謂菩薩藏、聲聞藏是也。如「華嚴宗」立五教，而攝一切佛教，所謂小乘教、始教、終教、頓教、圓教是也。如「法華宗」立四教五味，以攝一切佛教，四教者，所謂藏、通、別、圓是也；五味者，所謂乳、酪、生、熟、醍醐是也。如「真言宗」立二教，而攝一切，所謂顯教、密教是也。今此「淨土宗」者，若依道綽禪師意，立二門而攝一切，所謂聖道門、淨土門是也。

질문함이라.

맨처음으로 종(宗)이란 이름을 세운 것은 화엄종이나 천태종 등의 팔종(八宗) 혹은 구종(九宗)이었다. 정토종(淨土宗)의 가르침에는 아직까지 종(宗)의 이름을 세웠다는 것을 들은 적이 없는데, 지금 정토종이라고 부르는 것은 무슨 증거에 의해서인가?

대답함이라.

정토종이라고 부르는 증거가 꼭 하나만 있는 것이 아니다. 신라의 원효대사(元曉大師)가 찬술한 유심안락도(遊心安樂道)에는 "정토종의 의취(意趣)는 원래 범부를 위한 것이고, 또 성인(聖人)을 위한 것이다"라고 씌어있다. 또 당(唐)나라 자은대사(慈恩大師)가 찬술한 서방요결(西方要訣)에는 "이 일종(一宗)에 의한다"라고 씌어있다. 역시 같은 당나라의 가재대사(迦才大師)가 쓴 정토문(淨土門)에는 "이 일종(一宗)이야말로 단 하나밖에 없는 요로(要路)이다"라고 적혀있다. 그 증거는 이상과 같으니 의문을 낼 필요가 없다.

그러나 여러 종(宗)의 가르침을 세우는 방식은 확실히 이 정토종을 세우는 방식과는 그 주지(主旨)가 다르다. 정토종의 입장에서 불교를 분류한다면 두 가지로 나눌 수가 있다. 즉 자력(自力)으로 도(道)를 성취하는 성도문(聖道門)과 부처님의 타력(他力)에 의하여 구제되어 정토에 왕생하는 정토문(淨土門)이다.

성도문에 있어서도 두 가지가 있는데, 첫 번째가 대승불교이고 두 번째가 소승불교이다. 대승불교 가운데에서도 진언종(眞言宗)에서 내세우는 현교(顯教)와 밀교(密教), 천태종에서 내세우는 권교(權教)와 실교(實教) 등 그 분류만도 여러 가지가 있지만 이 안락집(安樂集)의 의취는 오로지 현교(顯教)의 대승과 권교(權教)의 대승에 있다. 이것은 빨리 진리를 터득하는 교(教)가 아니고 긴 수행에 의해서 깨우침을 얻을 수 있는 일부러 멀리 돌아가는 수행의 길에 해당할 것이다. 이것에 기준해 본다면 밀교(密教)의 대승과 실교(實教)의 대승도 똑같은 것이다. 그렇기 때문에 ❶진언 ❷불심(佛心: 참선) ❸천태(天台) ❹삼론(三論) ❺법상(法相) ❻지론(地論) ❼섭론(攝論) ❽화엄(華嚴) 팔종(八種)의 의취도 역시 성도문 속에 포함시킬 수 있다.

다음으로 소승불교라는 것은 소승에 속하는 모든 경 율(律) 논으로 그 가르침을 설명한 성문(聲聞), 연각(緣覺)의 입장이다. 즉 번뇌의 방황을 털어버리고 정리(正理)를 터득하는 길이며 성자의 경지에 들어가서 궁극적인 깨우침을 얻는 길이다. 이런 입장에서 생각해보면 구사종(俱舍宗) 성실종(成實宗) 기타 제부(諸部)의 율종(律宗)도 이에 포함시킬 수가 있다.

결국, 이 성도문의 대의는 대승이나 소승에 관계없이 인간세계에서 사승(四乘)의 길을 수행하여 사승의 결과를 증득하는 것에 있다. 사승이란 성문(聲聞) 연각(緣覺) 보살의 삼승(三乘)에 불승(佛乘)을 포함시킨 것이다.

그 다음 왕생정토문(往生淨土門)에도 두 가지가 있다. 한 가지는 직접적으로 정토에 왕생하는 것을 설명한 가르침이고, 또 한 가지는 간접적으로 정토에 왕생하는 것을 설한 가르침이다. 먼저 직접 정토에 왕생하는 것을 설한 것에는 세 가지 경과 하나의 논이 있는데, 삼경(三經)과 일론(一論)이라 한다.

세 가지 경전이란 ❶무량수경(無量壽經) ❷관무량수경 ❸아미타경(阿彌陀經)이다. 그리고 하나의 논이란 천친(天親: 世親)의 왕생론(往生論)을 말한다. 이 세 가지 경을 일컬어 정토삼부경(淨土三部經)이라 하기도 한다.

問曰：夫立宗名，本在華嚴天台等八宗九宗，未聞於淨土之家，立其宗名。然今號一淨土宗，有何證據也？

答曰：淨土宗名，其證非一，元曉《遊心安樂道》雲：「淨土宗意：『本爲凡夫，兼爲聖人。』」又慈恩《西方要決》雲：依此一宗。」又迦才《淨土論》雲：「此之一宗，竊爲要路。」其證如此，不足疑端。但諸宗立教，非今正意。且就淨土宗，略明二門者，一者聖道門，二者淨土門。

初「聖道門」者，就此有二：一者大乘，二者小乘。就大乘中，雖有顯密權實等不同，今此集意，唯存顯大，及以權大，故當歷劫迂回之行。准是思之，應存密大，及以實大。然則今真言、佛心、天台、華嚴、三論、法相、地論、攝論，此等八家之意，正在此也，應知。次小乘者，總是小乘經律論之中，所明聲聞、緣覺，斷惑證理，入聖得果之道也；准上思之，亦可攝俱舍、成實諸部律宗而已。凡此聖道門大意者，不論大乘及以小乘，於此娑婆世界之中，修四乘道，得四乘果也。四乘者三乘之外加佛乘也。

次「往生淨土門」者，就此有二：一者正明往生淨土之教，二者傍明往生淨土之教。

初「正明往生淨土之教」者，謂「三經一論」是也。三經者。《無量壽經》、二《觀無量壽經》、三《阿彌陀經》也。一論者：天親《往生論》是也，或指此三經號「淨土三部經」。

질문함이라.

이와 같이 삼부경(三部經)이라 부르는 예가 있는가?

대답함이라.

삼부경(三部經)이라 부르는 예가 하나만 있는 것이 아니다.

먼저

❶법화삼부경(法華三部經)으로 ①무량의경(無量義經) ②법화경 ③보현관경(普賢觀經)이 있다.

❷두 번째는 대일삼부경(大日三部經)으로 ①대일경(大日經) ②금강정경(金剛頂經) ③소실지경(蘇悉地經)이다.

❸세 번째는 호국삼부경(護國三部經)으로 ①법화경 ②인왕경(仁王經) ③금광명경(金光明經)이 있다.

❹네 번째는 미륵삼부경(彌勒三部經)으로 ①미륵상생경(彌勒上生經) ②미륵하생경(彌勒下生經) ③미륵성불경(彌勒成佛經)이 있다.

무량수경(無量壽經) 관무량수경 아미타경(阿彌陀經) 삼부(三部)의 경은 아미타부처님의 정토에 구제되는 가르침을 설한 경이기 때문에 정토삼부경(淨土三部經)이라 한다. 아미타의 삼부경이야말로 정토가 중심이 되는 경이다.

그 다음 깨달음의 도를 설해 가면서 한편으로 구제의 도를 간접적으로 왕생정토(往生淨土)를 설하고 있는 경에는 화엄경 법화경 수구다라니경(隨求陀羅尼經) 존승다라니경(尊勝陀羅尼經) 등의 경전이 있다. 또 기신론(起信論) 보성론(寶性論) 십주비바사론(十住毘婆沙論) 섭대승론(攝大乘論) 등에 정토에 왕생할 것을 설명한 논들이 있다.

처음 도작선사가 안락집(安樂集) 가운데서 성도문과 정토문의 두 가지 문을 세운 의미는 성도문을 버리고 정토문에 들어가게 하기 위함이다. 그 이유는 두 가지가 있다.

첫째는 대성(大聖) 석가모니부처님께서 열반하신지 벌써 이천오백년 이상의 긴세월이 흘렀다는 것이고, 둘째는 체득해야 할 교리는 심오한데 비교하여 오늘날의 사람들은 그 깊은 뜻을 알기 위해서는 그 이해하는 능력이 너무 얕고 뒤떨어져 있다는 것이다.

부처님의 가르침을 성도문과 정토문으로 분류하여 두 가지 문으로 설립한 것은 도작선사 한 사람만이 아니다. 담란대사(曇鸞大師), 천태(天台) 지자대사(智者大師), 가재법사(迦才法師), 자은종주(慈恩宗主) 등의 모든 스승들도 모두 같은 생각을 가지고 있었다. 담란법사(曇鸞法師)의 왕생론주(往生論註)에서는 용수보살(龍樹菩薩)의 십주비바사론(十住毘婆沙論)을 인용하여 다음과 같이 설하고 있다.

“보살이 불퇴(不退)의 길을 구하는 데는 두 가지 길이 있다. 하나는 난행도(難行道)이고 또 하나는 이행도(易行道)이다. 난행도란 오탁(五濁)으로 더럽혀진 이 세상에서 그것도 부처님이 아니 계시는 말법시대에 불퇴전(不退轉)의 경지를 구한다는 것은 참으로 지극히 어렵다는 것이다. 지극히 어렵다고 하는 데에는 많은 이유가 있다. 대충 생략하고 다섯 가지 정도로 그 이유를 들어 설명해보겠다.

❶첫 번째는 외도(外道)의 차별적인 선(善)이 보살의 교법을 혼란시킨다.

❷두 번째는 자기만의 깨달음을 원하는 좁은 마음을 가진 소승의 사람들이 큰 마음으로 여러 사람을 구제하려고하는 대승의 수행을 방해할 때가 있다.

❸세 번째는 타인을 돌볼 줄 모르고 자신을 반성할 줄 모르는 악인이 타인의 훌륭한 덕(德)을 시기하여 상처를 입히는 일이 있다.

❹네 번째는 명예와 이익에 사로잡힌 행위만 하면서도 좋은 과보를 얻으려는 잘못된 생각이 불교의 바른 가르침을 손상시키는 일이 있다.

❺다섯 번째로, 참으로 약하디 약한 자신의 힘을 자만하면서 부처님의 큰 자비의 힘을 믿지 않음이라.

이러한 일들이 우리들의 현실에서 얼마든지 있기 때문에 난행도(難行道)라고 하는 것이다. 다른 말로 비유해 본다면 육로(陸路)의 보행은 힘들고 괴로운 것과 같이 이행도(易行道)라 하는 것은 오직 부처님을 깊이 믿어 공경하고 의지하여 아미타부처님의 서방정토 극락세계에 왕생하기를 발원한다면 아미타부처님의 서원의 힘을 입어 청정한 부처님의 국토 극락세계에 왕생할 수 있다는 것이다. 더욱이 거기에는 아미타부처님의 본원력(本願力)의 힘을 입어 타락시키려는 나쁜 악연이 없는 경지인 정정취(正定聚 : 아비발치阿卑跋致, 불퇴전不退轉)에 들어갈 수가 있다. 이 정정취란 퇴전(退轉)함이 없는 것을 말함이라.

다른 말로써 비유한다면 육로로 걸어가는 것 보다는 물 위에서 배를 타고 가는 것이 더욱 즐겁고 용이함과 같이 여기에서 난행도(難行道)라 말하는 것은 성도문(聖道門)을 말함이요, 이행도(易行道)란 정토문(淨土門)을 말함이라. 난행도와 이행도라고 하고, 성도문과 정토문이라고 하는 것은 그 표현은 다르지만 그 의미는 같은 것이다. 천태지자대사(天台智者大師)나 가재대사(迦才大師)도 역시 이와 같은 생각이다.

또 자은종주준식대사(慈恩宗主遵植大師)의 서방요결(西方要決)에서는 다음과 같이 피력하여 말하고 있다.

"석가모니부처님께서는 때를 맞추어서 법을 설하시고 인연을 따라 중생을 인도하시었다. 인연 있는 사람에게는 또한 인연을 널리 내려주시었다. 석존의 가르침은 시대와 장소에 따라 널리 퍼져 마치 대지(大地)에 비가 흠뻑 내리는 것처럼 부처님의 법은 사람들의 마음을 따뜻하게 적셨다. 늘 가까이 석존의 가르침을 받은 자는 각자의 힘에 맞는 깨달음의 도를 각각 터득하였다. 그리고 복(福)과 덕(德)이 적고 인연이 옅은 자에게는 정토에 돌아갈 것을 권유하였다. 이 가르침을 수순하여 수행하는 사람들은 오직 아미타부처님을 마음에 두어 늘 억염(憶念)하며 훌륭한 과보의 근원이 되는 착한 행을 실천한다면 서방정토극락세계에 왕생할 수 있으며 아미타부처님의 본원(本願)은 반드시 괴로움 속에 있는 중생들을 구제하신다. 위로는 일생 동안 노력하여 염불한 자로부터 아래로는 임종을 맞이하여 최소한 열 번 염불을 외우는 자에 이르기까지 이 모두가 반드시 왕생할 수 있다."

또 이 서방요결(西方要決)의 후서(後序)에서도 다음과 같이 말하고 있다.

"조용히 생각해보면 우리는 석존이 열반하시고 나서 많은 세월이 경과한 연후에 태어났다. 또한 지금은 석가모니부처님께서 가르친 교법이 남아있어 이에 그 가르침이 올바르게 실천되고 있는 듯 보이나 깨달은 자는 없다고 하는 상법(像法)의 말법시대이다. 삼승(三乘)의 가르침을 받아도 깨달음에 들어갈 수 있는 힘이 없고 인간 천상에 태어난다 해도 이 세계의 생활은 항상 소란하여 번거롭고 불안한 상태이다. 혹 지혜가 깊고 심정(心情)이 넓은 자는 기나긴 수행을 인내하여 잘 참고 견디어 낼 수도 있을 것이다. 그러나 만일 정신이 통일되지 못하고 수행이 깊지 못한 자가 있다면 아마 어두운 미망의 세계에 빠져버릴 것이다. 그렇기 때문에 반드시 번뇌의 생활로부터 멀리 벗어나 마음을 깨끗한 정토에 두지 않으면 안 된다"고 설하고 있다.

여기서 말하는 삼승(三乘)이라는 것은 바로 성도문이고, 정토라는 것은 정토문(淨土門)이다. 즉 성도문은 스스로 수행하여 깨달음을 성취하는 길이고, 정토문은 아미타부처님에게 귀의하여 본원력(本願力)에 의하여 정토에 의하여 구제되는 길이다. 정토를 공부하는 자는 이러한 주지(主旨)를 잘 알아야 할 것이다.

비록 이전에 성도문을 공부한 사람이라 하더라도 정토문에 뜻이 있다면 성도문을 버리고 정토문에 귀의하여 아미타부처님의 구제의 본원력에 이 몸을 몽땅 맡겨 버려야 할 것이다. 예를 든다면 담란법사(曇鸞法師)는 중론(中論) 십이문론(十二門論) 대지도론(大智度論) 백론(百論) 등을 설한 용수보살(龍樹菩薩)을 받드는 사론종(四論宗)의 학자이지만 이 모든 것을 버리고 오직 정토문에 귀의하여 전념(專念)하였다. 또한 도작선사(道綽禪師)는 열반경을 이십회(二十回) 이상 강찬(講讚)할 정도의 훌륭한 학자이지만 정토문에 귀의하여 오직 일심으로 서방정토극락세계 왕생의 행을 넓혀가시었다. 옛날의 뛰어난 현철(賢哲)들이라고 불리던 사람들조차도 이러하거늘 어찌 말세의 번뇌로운 중생들이 이것을 추종하지 아니하고 닦아 수행하지 않을 수가 있단 말인가.

問曰：三部經名, 亦有其例乎?

答曰：三部經名，其例非一：一者法華三部，謂《無量義經》、《法華經》、《普賢觀經》是也。二者大日三部，謂《大日經》、《金剛頂經》、《蘇悉地經》是也。三者鎮國家三部，謂《法華經》、《仁王經》、《金光明經》是也。四者彌勒三部，謂《上生經》、《下生經》、《成佛經》是也。今者唯是彌陀三部，故名淨土三部經也。彌陀三部者是淨土正依經也。

次「傍明往生淨土之教」者，《華嚴》、《法華》、《隨求》、《尊勝》等明諸往生淨土之行之諸經是也。又《起信論》、《寶性論》、《十住毗婆沙論》、《攝大乘論》等明諸往生淨土之行之諸論是也。

凡此集中，「立聖道、淨土二門意者，爲令舍聖道入淨土門」也。就此有二由：一由「去大聖遙遠」，二由「理深解微」。此宗之中，立二門者，非獨道綽，曇鸞、天台、迦才、慈恩等諸師皆有此意；且曇鸞法師《往生論注》雲：

「謹案龍樹菩薩《十住毗婆沙》雲：菩薩求阿毗跋致有二種道，一者難行道，二者易行道。

難行道者：謂於五濁之世，於無佛時，求阿毗跋致爲難，此難乃有多途，粗言五三，以示義意。一者外道相善，亂菩薩法；二者聲聞自利，障大慈悲；三者無顧惡人，破他勝德；四者顛倒善果，能壞梵行；五者唯是自力，無他力持。如斯等事，觸目皆是，譬如陸路，步行則苦。

易行道者：謂但以信佛因緣，願生淨土，乘佛願力，便得往生彼清淨土。佛力住持，即入大乘正定之聚，正定即是阿毗跋致，譬如水路，乘船則樂。」

此中難行道者，即是「聖道門」也；易行道者，即是「淨土門」也。難行易行、聖道淨土，其言雖異，其意是同。天台、迦才同之，應知。又《西方要決》雲：

「仰惟釋迦啟運，弘益有緣，教闡隨方，並沾法潤，親逢聖化，道悟三乘，福薄因疏，勸歸淨土。作此業者，專念彌陀，一切善根，回生彼國。彌陀本願，誓度娑婆，上盡現生一形，下至臨終十念，俱能決定，皆得往生。」又同後序雲：「夫以生居像季，去聖斯遙；道預三乘，無方契悟；人天兩位，躁動不安，智博情弘，能堪久處。若也識癡行淺，恐溺幽塗；必須遠跡娑婆，棲心淨域。」

此中三乘者即是聖道門意也；淨土者即是淨土門意也。三乘淨土、聖道淨土，其名雖異，其意亦同。淨土宗學者，先須知此旨，設雖先學聖道門人，若於淨土門有其志者，「須棄聖道，歸於淨土」。例如彼曇鸞法師，舍四論講說，一向歸淨土；道綽禪師，擱涅槃廣業，偏弘西方行。上古賢哲，猶以如此，末代愚魯，寧不遵之哉！

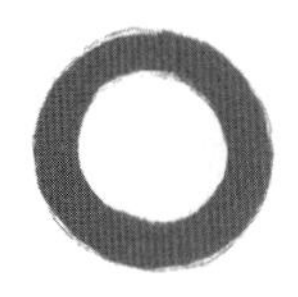

질문함이라.

성도문의 제종(諸宗)에서는 각각 스승에서 제자로 직접 전수하는 계보가 있다. 예를 들어 천태종에서는 혜문(慧門) 남악(南岳) 천태(天台) 장안(章安) 지위(智威) 혜위(慧威) 현랑(玄朗) 담연(湛然)으로 차례로 상승(相承)되었다. 진언종(眞言宗)에서는 대일여래(大日如來) 금강살타(金剛薩埵) 용수보살(龍樹菩薩) 용지(龍智) 금지(金智) 불공(不空)으로 상승되었고, 그 외의 제종에서도 각기 상승하는 법의 혈맥(血脈)이 있다. 그런데 정토종에서는 사자상승(師資相承)하는 법에 혈맥의 계보가 있는 것인가?

대답함이라.

성도문의 제종의 혈맥과 마찬가지로 정토종에도 혈맥이 있다. 다만 정토의 일종(一種)에 있어서도 계보의 계통(系統)이 똑같은 것은 아니다. 이른바 ①여산혜원류(廬山慧遠流) ②자민삼장류(慈愍三藏流) ③도작(道綽) 선도(善導)의 류(流) 세 가지의 류가 있다. 도작

(道綽) 선도(善導)의 류 계통으로 사자상승의 혈맥을 논해본다면 ❶보리유지삼장(菩提流支三藏) ❷담란법사(曇鸞法師) ❸도작선사(道綽禪師) ❹선도화상(善導和尙) ❺회감법사(懷感法師) ❻소강법사(小康法師)의 혈맥이다. ＊당(唐) 고승전(高僧傳) 송(宋) 고승전의 설에 의함.

問曰：聖道家諸宗, 各有師資相承, 謂如天台宗者慧文、南嶽、天台、章安、智威、玄朗、湛然, 次第相承。如真言宗者大日如來、金剛薩 、龍樹、龍智、金智、不空, 次第相承。自餘諸宗, 又各有相承血脈, 而今所言淨土宗, 有師資相承血脈譜乎？

答曰：如聖道血脈, 淨土宗亦有血脈, 但於淨土一宗, 諸家不同：所謂廬山慧遠法師、慈湣三藏、道綽、善導等是也。今且依道綽、善導之一家, 論師資相承血脈者。此亦有兩說：一者菩提流支三藏、慧寵、道場法師、曇鸞法師、大海禪師、法上禪師。二者菩提流支三藏、曇鸞法師、道綽禪師、善導禪師、懷感法師、少康法師。

대세지보살

제 2 장

정행(正行)과 잡행(雜行)

선도화상(善導和尙)이 정행(正行)과 잡행(雜行)의
두 가지 실천행을 세웠는데,
잡행을 버리고 정행에 귀의할 것을 설한 글.

선도화상의 관경소(觀經疏) 제4권(第四卷) 산선의(散善義)에서는 다음과 같이 설하고 있다.

아미타부처님의 정토에 왕생하는 행으로는 두 가지로 크게 나눈다. 하나는 오로지 아미타부처님 한 분만 깊이 신(信)하여 수행하는 바르고 순일한 정행(正行)이요, 또 하나는 아미타부처님 외에 여러 부처님과 보살을 대상으로 닦는 잡행(雜行)이다. 즉 정행이란 오직 정토왕생을 설한 경을 그대로 실천하는 것을 말한다. 그렇다면 정행이란 구체적으로 어떠한 것인가.

❶첫 번째는 오직 일심으로 관무량수경 아미타경(阿彌陀經) 무량수경(無量壽經) 등을 독송하는 것.

❷두 번째는 오직 일심으로 아미타불과 그 정토의 아름다운 모습을 사유 관찰하여 억념(憶念)하는 것.

❸세 번째는 오직 일심으로 아미타부처님에게 예배하는 것.

❹네 번째는 오직 일심으로 아미타불의 이름을 외우는[稱名] 것.

❺다섯 번째는 오직 일심으로 아미타불을 찬탄하고 공양하는 것

이라.

이러한 것을 이름하여 오종정행(五種正行)이라 한다.

정행에 대해서도 두 가지로 나눌 수가 있다.

하나는 정정업(正定業)이요 하나는 조업(助業)이다. 하나는 일상의 행주좌와(行住坐臥) 어묵동정(語黙動靜) 간에 시간의 장단을 가리지 않고 오직 아미타부처님 명호를 부르는 일이다. 이것을 정정업이라고 한다. 왜 이 칭명(稱名)이 왕생에 결정적인 바른 업이 되느냐 하면 이 행은 아미타부처님이 법장보살(法藏菩薩)로 계실 적에 칭명의 원을 세워 이에 그 원이 성취되어 부처님이 되었기에, 그 원에 꼭 맞기 때문에 정정업이라고 한다. 그밖에 독송 관찰 예배 찬탄(讚歎) 공양은 조업이 된다.

이 정정업과 조업의 두 가지 업을 제외한 그 외의 선행을 모두 잡행(雜行)이라고 한다. 만일 앞에서 말한 정정업과 조업에 부지런히 힘쓴다면 마음은 항상 부처님 곁에 있어 부처님을 생각하는 것이 끝이 없을 것이기 때문에 무간수(無間修)라 한다.

또 나중에 예를 든 잡행(雜行)을 행한다면 마음은 부처와 항상 소원(疎遠)하게 된다. 그것들도 정토에 회향하면 왕생할 수가 있지만 마음에는 틈이 있기 때문에 이것들을 모두 소잡(疎雜)의 행이라고 한다.

생각하건데 이 문(門)에는 두 가지 의미가 있다. 하나는 정토에 왕생하기 위해서는 어떤 행을 하면 좋은가 하는 것을 설한 것이고,

또 하나는 정행과 잡행을 비교해서 그 이양(利養)의 득실을 밝히는 것이다.

먼저 왕생하기위해서 어떤 행을 하면 좋을 것인가에 대해서는 선도대사(善導大師)의 가르침에 의하면 왕생을 위한 행은 많이 있지만 크게 나누면 두 가지가 있다고 하였다. 첫 번째가 정행(正行)이요 두 번째가 잡행(雜行)이다.

정행에는 개합(開合)의 두 가지 견해가 있다. 처음 시작했을 때는 오종(五種)으로 나누었고 나중에는 이것을 합하여 이종(二種)으로 하였다. 오종이라고 하는 것은 ❶제1 독송정행(讀誦正行) ❷제2 관찰정행(觀察正行) ❸제3 예배정행(禮拜正行) ❹제4 칭명정행(稱名正行) ❺제5 찬탄공양정행(讚歎供養正行)이다.

❶제1의 독송정행이란 오로지 관무량수경 등을 독송하는 것이다. 즉 전문(前文)의 오직 일심으로 관무량수경 아미타경 무량수경 등을 독송한다는 것이 바로 이것이다.

❷제2의 관찰정행이란 오로지 아미타부처님과 정토의 모습을 관찰하는 것이다. 즉 전문의 오직 일심으로 아미타불과 그 정토의 아름다운 모습을 사유 관찰하여 억념(憶念)한다는 것이 바로 이것이다.

❸제3의 예배정행이란 오로지 아미타부처님에게만 예배하는 것이다. 즉 전문의 또는 예배한다면 오직 일심으로 아미타부처님에게만 예배한다는 것이 바로 이것이다.

❹제4의 칭명정행이란 오로지 아미타부처님의 명호를 부르는 것이다. 즉 전문의 또는 입으로 부른다면 오직 일심으로 아미타불의 명호를 부른다는 것이 바로 이것이다.

❺제5의 찬탄공양정행이란 오로지 아미타불을 찬탄하고 공양하는 일이다. 즉 전문의 또는 찬탄하고 공양한다는 것은 오직 일심으로 아미타부처님을 찬탄하고 공양한다는 것이 바로 이것이다.

그리고 합쳐서 이종(二種)이라 하는 것은 첫째가 정정업(正定業)이요 두 번째가 조업(助業)이다.

먼저 정정업이란 오종정행(五種正行) 중에서 제사의 칭명정행(稱名正行)인데 이것을 서방정토에 왕생할 수 있는 올바른 행이라 한다. 즉 전문의 오직 일심으로 아미타부처님의 명호를 외워 일상의 행주좌와에 어떤한 경우에도 시간의 장단을 가리지 않고 일시도 잊지 않는 것 이것을 정정업이라 한다. 왜냐하면 이는 아미타부처님의 본원(本願)에 꼭 부합하기 때문이라는 것이 바로 이것이다.

그 다음의 조업(助業)이란 제사의 칭명을 제외한 독송 등의 사종(四種)의 정행(正行)을 말한다. 곧 전문(前文)의 이 이외에 ❶예배 ❷독송 ❸관찰 ❹찬탄공양(讚歎供養)을 조업(助業)이라 한다는 것이 이것에 해당한다.

《觀經疏》第四雲：就行立信者，然行有二種：一者「正行」，二者「雜行」。

言「正行」者，專依往生經行行者，是名正行。何者是也：一心專誦此《觀經》、《彌陀經》、《無量壽經》等。一心專注思想、觀察、憶念彼國二報莊嚴。若禮即一心專禮彼佛。若口稱即一心專稱彼佛。若贊歎供養即一心專贊歎供養。是名爲正。

又就此正中，複有二種：一者「一心專念，彌陀名號，行住坐臥不問時節久近，念念不舍者，是名正定之業，順彼佛願故。」若依禮誦等即名爲「助業」。

除此正助二行以外，自餘諸善，悉名「雜行」若修前正助二行，心常親近，憶念不斷，名爲無間也。若行後雜行，即心常間斷，雖可回向得生，眾名疏雜之行也。

私雲：就此文有二意，一明「往生行相」，二判「二行得失」。初明「往生行相」者：依善導和尚意，往生之行雖多，大分爲二：一正行，二雜行。初「正行」者，就此有開合二義：初開爲五種，後合爲二種。初開爲五種：一讀誦正行，二觀察正行，三禮拜正行，四稱名正行，五贊歎供養正行也。

第一讀誦正行者：專讀誦《觀經》等也：即文雲：「一心專讀頌此《觀經》、《彌陀經》、《無量壽經》等」是也。第二觀察正行者：專觀察彼國依正二報也：即文雲：「一心專注思想，觀察、憶念彼國二報莊嚴」是也。第三禮拜正行者：專禮彌陀也「若禮即一心專禮彼佛」是也。第四稱名正行者：專稱彌陀名號也：即文雲：「若口稱即一心專稱彼佛」是也。第五贊歎供養正行者：專贊歎供養彌陀也：即文雲：「若贊歎供養即一心專贊歎供養，是名爲正」是也。今依合義，故雲：五種。

次合爲二種：一者正業，二者助業。

初「正業」者，以上五種之中第四稱名爲「正定之業」：即文雲：「一心專念，彌陀名號，行住坐臥，不問時節久近，念念不舍者，是名正之業，順彼佛願故」是也。

次「助業」者，除第四口稱之外，以讀誦等四種而爲助業；即文雲：「若依禮誦等，即名爲助業」是也。

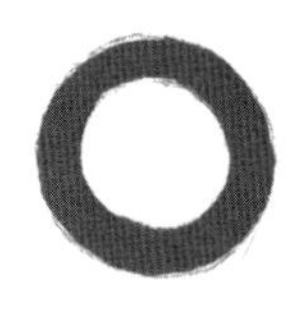

질문함이라.

무슨 이유로 오종정행(五種正行) 중에서 단 한 가지 칭명염불만을 따로 떼어서 정정업(正定業)이라 하는가?

대답함이라.

그것은 아미타부처님의 본원(本願)에 꼭 맞기 때문이다. 그 의미를 말한다면 칭명염불은 아미타부처님께서 과거 법장비구로 계실 때에 인행(因行)시 서원하여 맹세한 본원의 행이기 때문이다. 그러므로 누구든지 아미타부처님을 부른다면 아미타부처님의 본원에 의해서 반드시 왕생할 수 있기 때문이다. 부처님의 과거 인행시의 본원에 대해서는 다음 문장에서 말하기로 한다.

다음에 잡행이라 하는 것은 전문(前文)의 정정업(正定業)과 조업(助業)의 두 가지 업을 제외한 그밖의 많은 선행을 모두 잡행(雜行)이라고 한다는 것이 바로 이것이다. 이에 그 의미를 말한다면 잡행은 그 수가 아주 많기 때문에 자세히 설명할 수가 없지만 오종정행

(五種正行)에 따라 오종(五種)의 잡행을 설명하여 보겠다.

오종의 잡행이란 ❶제1은 독송잡행(讀誦雜行) ❷제2는 관찰잡행(觀察雜行) ❸제3은 예배잡행(禮拜雜行) ❹제4는 칭명잡행(稱名雜行) ❺제5는 찬탄공양잡행(讚歎供養雜行)이다.

제1의 독송잡행이란 앞에서 말한 무량수경 등의 정토에 왕생할 것을 설명한 정토경전을 제외한 그밖의 대승 소승 현교 밀교 등 여러 경을 받아들여 독송하는 것을 모두 독송잡행이라 한다.

제2 관찰잡행이란 것은 앞에서 말한 아미타부처님과 극락세계의 훌륭한 모습을 제외한 그 외의 대승 소승 현교 밀교와 현상적인 사상(事象)과 본체인 추상적인 평등성을 관찰하는 것을 모두 관찰잡행이라 한다.

제3 예배잡행이라고 하는 것은 앞에서 말한 아미타부처님을 예배하는 것을 제외한 그 외의 부처 보살 및 이 세상의 많은 신들을 예배하여 공경하는 것을 예배잡행이라 한다.

제4 칭명잡행이라고 하는 것은 앞에서 말한 아미타부처님의 명호를 부르는 것을 제외한 그밖의 부처 보살 및 이 세상의 많은 신들의 이름을 부르는 것을 모두 칭명잡행이라 한다.

제5 찬탄공양잡행이라고 하는 것은 앞에서 말한 아미타부처님을 제외하고 그밖의 부처님 보살 및 이 세상의 많은 신들을 찬탄하고 공양하는 것을 찬탄공양잡행이라고 한다. 이밖에도 보시(布施) 지계 등 수많은 행이 있는데 그것들을 모두 잡행이라는 말속에 포함되어 있다고 생각해도 되겠다.

다음으로 정행(正行)과 잡행(雜行)의 이익을 판별한다면 만일 앞에서 말한 정정업(正定業)과 조업(助業)의 두 가지 업에 부지런히 힘쓴다면 마음은 항상 부처님 곁에 있어 부처님을 생각하는 게 끝이 없음으로 무간수(無間修)라 한다. 그리고 만일 잡행을 행한다면 마음은 항상 부처님과 소원해진다. 그것으로도 정토에 회향(迴向)하여 왕생할 수 있지만 모두 잡행의 행이라 한다.

이 문장의 의미를 음미해보면 정행과 잡행은 다섯 가지 항목으로 대비된다.

❶제1은 친밀(親密)과 소원(疎遠)의 대비.

❷제2는 근(近)과 원(遠)의 대비.

❸제3은 유간(有間)과 무간(無間)의 대비.

❹제4는 불회향(不迴向)과 회향의 대비.

❺제5는 순일(純一)과 잡다(雜多)의 대비이다.

❶제1의 친밀과 소원과의 대비를 말한다면 먼저 친밀이란 정정업(正定業)와 조업(助業)에 힘쓰는 자는 아미타부처님과 아주 친숙하게 된다. 그렇기 때문에 관경소(觀經疏)의 정선의(定善義)에서 다음과 같이 말하고 있다.

중생이 항상 아미타부처님을 입으로 부르면 부처님은 곧 이것을 들어주시고 중생이 몸으로 항상 아미타부처님에 예배하고 공경하면 부처님께서는 곧 바로 보아주시고 중생이 마음으로 항상 아미타부처님을 생각하면 부처님께서는 곧 알게 되시며 중생이 아미타 부처님을 억념(憶念)하면 부처님도 역시 이 사람을 억념해 주신다. 부처님과 중생의 ❶몸 ❷입 ❸마음[身口意]의 세 가지 활동이 항상 따로 따로 떨어지는 법이 없다. 그래서 친밀의 관계라고 하며 이것을 친연(親緣)이라고 한다.

다음 소원(疎遠)이라고 하는 것은 잡행을 말한다. 사람들이 입으로 부처님을 부르지 않기 때문에 부처님은 이것을 듣지 않으시며 몸으로 부처님께 예배하지 않기 때문에 부처님은 이것을 보시지 않으시며 마음으로 부처님을 생각하지 않기 때문에 부처님은 이것을 바로 알지 못하시며 사람들이 부처님을 억념하지 않기 때문에 부처님도 역시 이 사람을 억념하지 않으신다. 부처님과 사람과 몸 입 마음의 활동이 항상 떨어져 있으므로 소원(疎遠)의 행이라고 하는 것이다.

❷제2의 가까운 것과 먼 것의 대비라는 것은 정정업(正定業)과 조업(助業)의 두 가지 업에 힘쓰는 자는 아미타부처님과 아주 가까이 있는 것과 같다. 그렇기 때문에 관경소(觀經疏)의 정선의(定善義)에서 다음과 같이 설하고 있다.

중생이 부처님을 보고 싶다고 원하면 부처님은 곧 그 부름에 응하여 눈앞에 나타나신다. 그렇기 때문에 가까운 관계 곧 근연(近緣)이라고 한다.

그 다음 멀다고 하는 것은 잡행(雜行)을 말한다. 중생이 부처님을 보고 싶다고 원하지 않기 때문에 부처님은 곧 자기 생각대로 그들의 눈앞에 나타날 수가 없는 것이다. 그래서 멀다고 하는 것이다.

다만 친연(親緣)과 근연(近緣)의 의미는 동일(同一)한 것 같지만 선도화상(善導和尙)은 다른 의미로 설명하였다. 그 주지(主旨)는 관경소(觀經疏) 정선의(定善義)에 나타나 있다. 그래서 여기에는 그것을 인용하여 따로 따로 별개로 설명한 것이다.

❸제3의 무간(無間)과 유간(有間)과의 대비라는 것을 말한다면, 무간(無間)이란 정정업(正定業)과 조업(助業)의 두 가지 업에 힘쓰는 자는 아미타부처님을 항상 억념(憶念)한다. 그래서 부처님과는 빈틈이 없기 때문에 이름을 무간(無間)이라고 하는 것이다. 다음 유간(有間)은 잡행에 힘쓰는 자는 아미타부처님을 억념하는데 항상 빈틈이 있기 때문에 부처님과는 마음에 항상 빈틈이 있다고 하는 것이다.

❹제4의 불회향(不迴向)과 회향과의 대비란 정정업(正定業)과 조업(助業)의 두 가지 업에 힘쓰는 자는 비록 회향을 따로 준비하지 않아도 그것이 자연히 왕생의 업이 된다. 그래서 관경소(觀經疏) 현의분(玄義分)에서도 다음과 같이 말하고 있다.

지금 열 번의 소리를 내어 아미타부처님을 부르는 것이 관무량수경에서와 같이 그대로 열 가지의 소원과 열 가지의 행을 갖추는 것이 된다. 어떻게 갖추어지는가 하면 '나무(南無)'라고 하는 것은 바로 귀명(歸命)하는 것이다. 이것도 역시 자기가 힘쓰는 선(善)을 그쪽으로 향하게 하여 왕생을 원하는 의미로서 나무아미타불(南無阿彌陀佛)이라고 부르는 것은 바로 발원회향(發願廻向)의 행인 것이다. 이와 같은 의미가 있기 때문에 반드시 왕생할 수가 있는 것이다.

그 다음에 회향이라는 것은 잡행을 행하는 자는 반드시 그쪽으로 향하게 하는 회향을 대비하여 준비해야만 비로소 왕생을 할 수 있는 원인이 되는 것이다. 만일 회향을 준비하지 않을 때에는 왕생할 수 있는 원인이 없게 된다. 그렇기 때문에 '회향하여 왕생할 수 있다고 하지만 과연 어떨까?'라고 하는 것이다.

❺제5의 순일(純一)과 잡다(雜多)의 대비라고 하는 것을 말하면, 순일이란 정정업과 조업의 두 가지 업에 힘쓰는 자는 틀림없이 결정코 서방정토극락세계에 왕생할 수 있는 행이다. 그 다음에 잡다(雜多)라고 하는 것은 오직 극락에 태어나기 위한 행은 못된다. 인간계 천상계 및 성문 연각 보살의 삼승(三乘)에 통하고 또 시방의 정토에도 통하기 때문에 잡다(雜多)라고 한다. 그렇기 때문에 서방정토극락세계를 발원하는 자는 마땅히 잡행을 버리고 정업(淨業)인 정행(淨行)에 힘쓰지 않으면 안 된다.

問曰：何故五種之中, 獨以稱名念佛爲正定業乎? 答曰：順彼佛願故。意雲：｢稱名念佛是彼佛本願行也。故修之者, 乘彼佛願, 必得往生也。其本願義，至下可知。

次「雜行」者，即文雲：「除此正助二行以外，自餘諸善，悉名雜行」是也；意雲：雜行無量，不遑具述也。但今且翻對五種正行，以明五種雜行也：一讀誦雜行，二觀察雜行，三禮拜雜行，四稱名雜行，五贊歎供養雜行也。

第一讀誦雜行者：除上《觀經》等，往生淨土經以外，於大小乘，顯密諸經，受持讀誦，悉名讀誦雜行。第二觀察雜行者：除上極樂依正以外，大小顯密事理觀行，皆悉名觀察雜行。第三禮拜雜行者：除上禮拜彌陀以外，於一切諸餘佛菩薩等，及諸世天等禮拜恭敬，悉名禮拜雜行。第四稱名雜行者：除上稱彌陀名號以外，稱自餘一切佛菩薩等，及諸世天等名號，悉名稱名雜行。第五贊歎供養雜行者：除上彌陀佛以外，於一切諸佛餘佛菩薩等，及諸世天等贊歎供養，悉名贊歎供養雜行。此外亦有布施、持戒等無量之行，皆可攝盡雜雜行之言。

次判「二行得失」者：「若修前正助二行，心常親近，憶念不斷，名爲無間也。若行後雜行，即心常間斷，雖可回向得生，眾名疏雜之行。」即其文也。案此文意，就正雜二行，有五番相對：一親疏對，二近遠對，三有間無間對，四不回向回向對，五純雜對也。

第一親疏對者：先「親」者，修「正助二行」者，於阿彌陀佛甚爲「親昵」。故《疏》上文雲：「眾生起行，口常稱佛，佛即聞之；

身常禮敬佛，佛即見之；心常念佛，佛即知之。衆生憶念佛者，佛亦憶念衆生；彼此三業，不相舍離。」故名「親緣」也。次「疏」者，「雜行」也，衆生口不稱，佛即不聞之；身不禮佛，佛即不見之；心不念佛，佛即不知之。衆生不憶念佛者，佛不憶念衆生；彼此三業常相舍離，故名「疏行」也。

第二近遠對者：先「近」者，修正助二行者，於阿彌陀佛甚爲「鄰近」。故《疏》上文雲：「衆生願見佛，佛即應念，現在目前。」故名「近緣」也。次「遠」者，「雜行」也。衆生不願見佛，佛即不應念，不現目前，故名遠也。但親近義，雖似是一，善導之意，分而爲二，其旨見於《疏》文，故今所引釋也。

第三無間有間對者：先「無間」者，修正助二行者，於彌陀佛憶念不間斷，故雲「名爲無間」是也。次「有間」者，修雜行者，於阿彌陀佛憶念常間斷，故雲「心常間斷」是也。

第四不回向回向者：修正助二行者，縱令不別用回向，自然成往生業。故《疏》上文雲：「今此《觀經》中，十聲稱佛，即有十願十行具足。雲何具足？言『南無』者即是『歸命』，亦是『發願回向』之義；言『阿彌陀佛』者即是『其行』，以斯義故『必得往生』。」次回向者，修雜行者，必用回向之時，成往生之因，若不用回向之時不成往生之因。故雲：「雖可回向得生」是也。

第五純雜對者：先「純」者，修正助二行者，是純極樂之行也。次「雜」者，是非純極樂之行，通於人天及以三乘，亦通於十方淨土故雲雜也。然者西方行者, 須「舍雜行修正行」也。

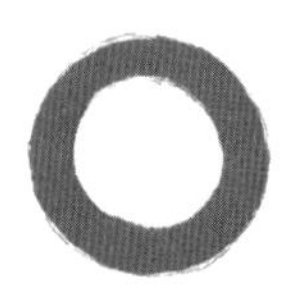

질문함이라.

이 순일(純一) 잡다(雜多)의 의미는 경이나 논 속에도 그 증거가 있는가?

대답함이라.

대승과 소승의 경율논(經律論) 속에 순일(純一)과 잡다(雜多)의 구분을 짓고 있는 예는 많다. 대승에서는 석존의 교설을 팔장(八藏)으로 나누어 그 속에 잡장(雜藏)을 포함시키고 있다. 이것으로 칠장(七藏)은 순수한 것이고 일장(一藏)은 잡다한 것임을 알 수 있다.

소승에서는 네 개의 아함경(阿含經) 속에 잡아함경(雜阿含經)을 포함시키고 있다. 역시 이것으로 세 개의 아함경은 순일한 것이고 하나의 아함경은 잡다한 것임을 알 수가 있다.

율장에서는 20편(篇)을 세워서 계의 구체적인 규정을 밝히고 있다. 그 중에서 처음 19편은 순일한 것이고 나머지 1편이 잡건도(雜犍度)라고 불리는 것이다.

논에서는 8편을 세워 사상(事象)의 본질과 현상을 밝히고 있다. 그 중에서 처음 7편은 순수한 것이고 나머지 1편이 잡건도(雜犍度)라는 것이다.

고승의 전기(傳記)인 현성집(賢聖集)의 당전(唐傳)과 송전(宋傳)에는 십분과(十分科)를 두어서 고승의 뛰어난 행적을 밝히고 있다. 그 중에서 처음의 9과(科)는 순일한 것이고 나머지 1과가 잡과(雜科)이다.

또 대승의장(大乘義章)에는 오취법문(五聚法門)이라는 다섯 가지의 분류가 있는데 처음의 사류(四類)는 순수한 것이고 나머지 하나가 잡취(雜聚)이다.

역시 현교(顯教)뿐만 아니라 밀교(密教)에도 순일과 잡다의 법이 있다. 예를 들면 산가불법혈맥보(山家佛法血脈譜)에 ❶첫째 태장계만다라(胎藏界曼陀羅)의 혈맥(血脈)의 보(譜)가 일수(一首) ❷둘째 금강계만다라(金剛界曼陀羅)의 혈맥의 보가 일수 ❸셋째 잡만다라(雜曼陀羅) 혈맥의 보가 일수라는 것이 있는데, 처음의 이수(二首)가 순일한 것이고 나머지 일수(一首)가 잡다한 것이다.

순일과 잡다의 의미는 수없이 많지만 여기에서는 생략하고 이에 그 약간만을 예로 들었을 뿐이다. 이와 같이 순일 잡다의 의미는 교법에 따라 여러 가지로 일정하지 않다는 것을 알 수 있다.

여기에서 선도화상(善導和尙)의 생각을 살펴보면 정토에 왕생하기 위한 행에 대해서 순일과 잡다를 논하고 있다. 이 순일 잡다의 의미는 불교의 경전뿐만 아니라 불교 이외의 전적 속에도 그 예는 많이 있다. 그러나 번잡을 피하기 위하여 그 예를 여기에서 소개하는 것은 생략하기로 한다. 정토에 왕생하기 위한 행을 두 가지로 나누는 것은 선도화상뿐만이 아니다.

도작(道綽)선사의 생각에 의하면 정토에 왕생하기 위한 행은 수없이 많지만 대충 두 가지로 나누고 있다. ❶첫째는 염불로써 왕생하는 것이요 ❷두 번째는 많은 선행에 의하여 왕생하는 것이다.

또 회감선사(懷感禪師)에 의하면 정토에 왕생하기 위한 행은 많이 있지만 두 가지로 정리할 수가 있다. ❶첫째는 염불해서 왕생하는 것이요 ❷두 번째는 많은 선행을 닦아서 왕생하는 것이다.

혜심대사(惠心大師)도 마찬가지이다. 이처럼 세 명의 대사(大師)가 각각 순행(純行)과 잡행(雜行)이라는 두 가지 행을 세우고 왕생하기 위한 행을 정리해 놓은 것은 상당히 깊은 의미가 있는 일이다. 그러나 그 외의 제사(諸師)는 반드시 그렇지는 않았다. 염불을 하여 정토에 왕생하기를 발원하는 자는 이것을 잘 생각하지 않으면 안 된다.

선도화상(善導和尙)의 왕생예찬(往生禮讚)에서는 다음과 같이 말하고 있다.

만일 일생 동안 끊임없이 염불에 힘쓰는 자는 열 사람이면 열 사람 모두 왕생할 수 있고 백 사람이면 백 사람 모두 다 왕생할 수가 있다. 왜냐하면 ❶다른 것으로부터 방해를 받지 않고 정념(正念)을 얻을 수가 있기 때문이고 ❷부처님의 본원(本願)에 꼭 맞기 때문이고 ❸석존의 교설과 일치하기 때문이고 ❹부처님의 말씀을 순수히 따르고 있기 때문이다.

만일 정행(正行)에 전념하지 않고 잡다한 행을 실천하는 자로 백 사람 중에 한 사람이나 두 사람밖에 왕생할 수 없고 천 사람 가운데에 세 사람이나 다섯 사람 정도 밖에 왕생할 수 없다. 그 이유는 ❶여러 가지 방해가 들어와서 정념(正念)을 잃어버리기 때문이고 ❷아미타부처님의 본원에 적합하지 않기 때문이며 ❸석존께서 설한 교설과 상이하기 때문이고 ❹부처님의 말씀을 수순(隨順)하여 따르지 않기 때문이며 ❺부처님과 정토를 생각하는 마음에 빈 틈새가 있기 때문이며 ❻부처님과 정토를 기억하는 마음에 빈 틈새가 있기 때문이며 ❼여러 가지 선행을 닦지만 아미타부처님의 국토에 왕생하고자 하는 발원이 진실하지 못하기 때문이며 ❽탐욕과 성냄 등 많은 사견(邪見)의 번뇌가 항상 일어날 틈새가 있기 때문이며 ❾돌이켜보고 반성하여 새롭게 하려는 마음이 없기 때문이며 ❿항상 부처님의 은혜를 생각하여 보답하려고 하지 않기 때문이며 ⓫타인을 깔보고 교만한 마음으로 행동하며 자기가 행한 일에 항상 명예와 이익을 구하기 때문이며 ⓬아집(我執)에 사로 잡혀 자기 자신을 높이 평가하고 불도를 실천하는 자나 올바른 도리를 가르쳐 주려는 자 옆에 가까히 가려고 하지 않기 때문이며 ⓭여러 가지 방해물 곁으로 먼저 다가가 왕생을 위한 정행(正行)을 스스로가 방해하고 타인에게도 지장을 주기 때문이다.

나는 요즈음 제방(諸方)의 출가 재가의 사람을 보고 듣고 하는데, 이해하는 방법이나 수행하는 방법이 서로 달라 전수(專修)하는 자 잡수(雜修)하는 자 등 여러 가지가 있다. 다만 정성을 다하여 염불하면 열 사람이면 열 사람 모두 다 왕생한다. 이것 저것 해보면서도 진실을 담을 수가 없는 사람은 천 사람 가운데에 단 한 사람도 왕생할 수가 없다. 이미 앞에서 말한대로 이 정행과 잡행의 이해득실은 이와 같다.

원하건데 정토에 왕생하기를 원하는 사람들은 무엇을 어떻게 선택할 것인가 스스로 잘 생각해 보기 바란다. 이미 이 몸으로 정토에 왕생하기를 원하는 자는 일상의 행주좌와(行住坐臥)의 어떠한 경우에도 반드시 마음을 격려하여 자기를 극복하고 밤낮 할 것 없이 전생애를 걸지 않으면 안 된다. 전생애를 걸어서 염불하는 것은 약간은 어려운 일 같지만 현생에 복을 수용하고 생명이 다 하면 곧바로 서방정토극락세계에 왕생하여 영겁(永劫)으로 완전하고 평안한 즐거움을 얻을 수 있고 또 부처님이 될 때까지 생사의 어두움을 헤매는 일이 없다. 이 얼마나 즐거운 일인가 이것을 잘 명심해야 할 것이다.

생각하건데, 이제 당연히 잡행(雜行)을 버리고 오직 한 마음으로 정행(正行)에 힘쓰지 않으면 안 된다. 어찌하여 백 사람이면 백 사람 모두 왕생하는 전수정행(專修正行: 염불)을 버리고 어리석게 천 사람 중에서 한 사람 정도도 왕생하기 어려운 잡행잡수(雜行雜修)에 빠질 수가 있단 말인가. 염불하여 정토에 왕생하려는 자는 명심하여 이것을 잘 생각해 보아야 할 것이다.

問曰：此純雜義於經論中有其證據乎？

答曰：於大小乘，經律論之中，立純雜二門，其例非一，大乘即於八藏之中而立雜藏，當知七藏是純，一藏是雜。小乘即於四含之中而立雜含，當知三含是純，一含是雜。律即立二十犍度以明戒行，其中前十九是純，後一是雜犍度也。論則立八犍度明諸法性相，前七犍度是純，後一是雜犍度是也。賢聖集中唐、宋傳立十科法，明高僧行德，其中前九是純，後一是雜科也。乃至《大乘義章》，有五聚法門，前四聚是純，後一是雜聚也。亦非啻顯教，密教之中有純雜法，謂山家《佛法血脈譜》雲：一胎藏界曼陀羅血脈譜一首，二金剛界曼陀羅血脈譜一首，三雜曼陀羅血脈譜一首，前二首是純，後一首是雜。純雜之例雖多，今略舉小分而已。當知純雜之義，隨法不定，因茲今善導和尚意，且於淨土行，論純雜也。亦此純雜名，不局內典，外典之中，其例甚多，恐繁不出矣。但於往生行，而分二行，不限善導一師，若依道綽禪師意者，往生之行雖多，束而爲二：一謂「念佛往生」，二謂「萬行往生」。若依懷感禪師意，往生之行雖多，束而爲二：一謂「念佛往生」，二謂「諸行往生」如是三師，各立二行，攝往生行，甚得其旨，自餘諸師不然，行者應思之。

《往生禮贊》雲：若能如上，念念相續，畢命爲期者，十即十生，百即百生。何以故？無外雜緣得正念故，與佛本願得相應故，不違教故，隨順佛語故。

若欲舍專修雜業者，百時希得一二，千時希得五三。何以故？乃由雜緣亂動失正念故；與佛本願不相應故；與教相違故；不順佛語故；系念不相續故；憶想間斷故；回願不殷重真實故；貪嗔諸見煩惱來間斷故；無有慚愧心故；又不相續念佛報彼佛恩故；心生輕慢，雖作業行，常與名利相應故；人我自覆，不親近同行善知識故；樂近雜緣，自障障他往生正行故。

何以故？餘比日自見聞：諸方道俗，解行不同，專雜有異。但使專意作者，十即十生；修雜不至心者，千中無一。

此二行得失，如前已辨，仰願一切往生人等，善自思量。已能今身，願生彼國者，行住坐臥，必須勵心克己，晝夜莫廢，畢命爲期。上在一形，似如少苦，前念命終，後念即生彼國。長時永劫常受無爲法樂，乃至成佛，不經生死，豈非快哉！應知。

私雲：見此文彌須「舍雜修專」，豈舍百即百生專修正行，而堅執千中無一雜修雜行乎！行者能思量之。

대세지보살

제 3 장

/

구제의 힘 본원(本願)

아미타여래께서
다른 행을 왕생의 본원으로 하지 않으시고
오직 염불만을 왕생의 본원으로 하신 것을 설하는 글.

무량수경의 상권(上卷)에서는 다음과 같이 설하고 있다

"만일 내가 부처가 될 수 있는 진리를 터득하였다 해도 모든 중생들이 정성을 다해 나의 말을 믿고 나의 정토에 태어나기를 발원해 적어도 열 번 나의 이름을 불러 왕생할 수 없다면 나는 부처를 이루지 않으리."

선도대사(善導大師)의 저서 관념법문(觀念法門)에서도 이 문장을 인용하여 다음과 같이 말하고 있다.

"만일 내가 부처가 될 수 있는 깨우침을 얻었다 하여도 모든 중생들이 나의 국토에 태어나기를 발원하여 나의 명호를 적어도 열 번 불러 나의 서원의 힘에 의해 왕생하지 못한다면 나는 그때까지 완전한 깨우침을 얻는 부처는 되지 못할 것이다."

역시 선도대사의 왕생예찬(往生禮讚)에서도 이 문장을 인용하고 있다.

"만일 내가 부처가 될 수 있는 깨우침을 얻었다 하여도 모든 중생들이 나의 명호를 열 번을 불러 왕생하지 못한다면 나는 성불하지 않겠다고 하셨다. 그런데 이러한 서원을 세웠던 법장보살(法藏菩薩)은 아미타부처님이 되어 서방정토 극락세계에 계시며 지금도 설법하고 계신다.

이것으로 아미타부처님께서 인행시(因行時)에 서원하신 자비로운 마음의 서원이 성취되어 거짓이 아니었다는 것을 잘 알 수 있다. 그러므로 어떠한 중생이라도 아미타부처님을 칭명하면 반드시 서방정토 극락세계에 왕생할 수가 있는 것이다.

생각하건데, 모든 부처님은 부처님의 공통된 서원인 총원(總願)과 독자적인 서원인 별원(別願)을 가지고 있다. 총원이라는 것은 사홍서원(四弘誓願)을 말하고 별원(別願)이란 석가모니부처님의 오백가지 서원과 약사여래부처님의 12대원(大願)을 등을 말한다. 지금 여기서 설명하는 별원은 아미타부처님의 48원이다.

《無量壽經》上雲：設我得佛，十方眾生，至心、信樂、欲生我國，乃至十念，若不生者，不取正覺。

《觀念法門》引上文雲：若我成佛，十方眾生，願生我國，稱我名字，下至十聲，乘我願力，若不生者，不取正覺。

《往生禮贊》同引上文雲：若我成佛，十方眾生，稱我名號，下至十聲，若不生者，不取正覺：彼佛今現，在世成佛，當知本誓，重願不虛，眾生稱念，必得往生。

私雲：一切諸佛各有總別二種之願；總者，四弘誓願是也；別者，如釋迦五百大願，藥師十二上願等是也。今此四十八願者，是彌陀別願也。

질문함이라.

아미타부처님은 언제 어떤 부처님 앞에서 어떠한 서원을 세웠는가?

대답함이라.

무량수경(無量壽經)에서 다음과 같이 설하고 있다.

석가모니부처님께서 아난에게 말씀하시기를, "아난아, 아주 멀고 먼 아주 오랜 옛적에 정광여래(錠光如來)란 부처님께서 세상에 출현하시여 수많은 중생들을 가르치시고 인도하여 방황의 세계로부터 중생을 구제해주셨다. 그리고 불도를 터득하게 하시고는 드디어 영원한 평안(平安: 열반)의 세계로 돌아가셨다. 다음에는 처세여래(處世如來)가 나타나셨다. 이렇게 부처님께서 계속해 나타나시어 53부처님이 모두 중생을 제도하셨다.

그 다음 출현하신 부처님이 세자재왕(世自在王: 세요왕世饒王)부처님이시다. 세자재왕부처님이 출현하신 그때에 어떤 국왕이 있었는데 이 부처님의 설법을 듣고 마음속 깊이 감동을 받아서 결국 진리를 구할 것을 결심하게 되었다. 그래서 나라를 버리고 왕위를 내어놓고 출가하여 법장비구(法藏比丘: 법보장비구法寶藏比丘)라는 수행자가 되었다. 그는 참으로 깊은 지혜와 모든 사람을 크게 사랑하는 깊고 넓은 자비심을 가지고 있었으며 그는 이미 범속(凡俗)을 훨씬 뛰어넘고 있었다. 그는 세자재왕부처님 전에서 일체중생을 제도하여 영원한 생명을 가지고 영원히 살 수 있는 아름다운 불국정토를 세우고 싶다고 원을 세웠다. 그가 이룩할 정토 및 거기에 왕생하는 방법에 대하여 세자재왕부처님에게 가르침을 구했다. 그래서 세자재왕부처님께서는 기쁜 마음으로 법장비구를 위하여 이백(二百) 십억(十億)이나 되는 제불의 불국토에 대하여 선(善) 악(惡), 귀함과 추함 등 심중(心中)의 원을 따라 낱낱이 눈앞에 제시하여 설명하셨다.

그때 법장비구는 세자재왕(世自在王)부처님이 설명하신 엄숙하고 청정한 불국토를 듣고 또 보고 나서 모든 중생의 소원을 다 성취시켜줄 수 있는 가장 훌륭하고 뛰어난 서원을 세웠다.

이제 그의 마음은 참으로 조용해졌고 집착하여 동요하는 마음이 전혀 없고 방황의 세계와는 비교할 수 없는 평안한 마음이 되었다.

법장비구는 오겁(五劫)이라는 긴 세월 동안 수행과 아름다운 불국토의 청정의 행을 사유하였다.

법장비구는 이백십억(二百十億)이나 되는 수없는 모든 부처님의 아름다운 국토 중에서 청정의 행만을 택하였다.

또 대아미타경(大阿彌陀經)에서는 다음과 같이 설하고 있다.

이에 세자재왕(世自在王)부처님은 곧 바로 이백십억(二百十億)이나 되는 부처님의 국토에 살고 있는 신들이나 사람들의 선악, 그리고 수승하고 추한 일들을 구별하여 법장비구가 마음속으로 원하고 있었던 것을 선택해 주었다.

세자재왕(世自在王)부처님의 설법을 들은 법장비구는 곧 천안(天眼)이 열리어 이백십억이나 되는 수많은 모든 부처님의 국토에 있는 신이나 사람들의 선악, 그리고 그 나라의 수승하고 추함을 모두 구별하여 마음속으로 원하고 있던 것을 선택해서 24서원을 결정할 수 있었다.

평등각경(平等覺經)도 역시 이것과 마찬가지다.

이 경 속에 가려낸다는 것은 나누어 버릴 것은 버리고 받아들일 것은 받아들인다는 의미다. 즉 이백십억에 이르는 수많은 제불(諸佛)의 정토 속에서 그곳에 살고 있는 신이나 사람들이 악을 버리고 선을 선택하여 그 국토의 더러운 것을 버리고 좋은 것을 선택하는 것이다.

대아미타경(大阿彌陀經)에서 설명하고 있는 선택의 의미는 바로 이것과 같다.

무량수경(無量壽經)에도 선택의 의미가 포함되어 있다. 즉 이백십억이나되는 제불의 훌륭한 국토에서 청정한 행을 받아들인다[攝受]는 것이 바로 이것이다. 선택과 섭취(攝取)란 그 말은 다르지만 의미는 같다. 즉 청정하지 못한 행을 버리고 청정한 행을 선택하는 것이다.

그럼 48원에 대하여 각각 선택과 섭취(攝取)의 의미를 논해보기로 하자.

제1은 세 가지 종류의 나쁜 경지가 없는 서원인데, 법장비구가 두루 관찰한 결과 이백십억이나 되는 불국토 속에는 세 가지 종류의 나쁜 경지가 있는 국토도 있고, 그렇지 않는 국토도 있다. 그러므로 세 가지 종류의 나쁜 경지가 있는 국토를 가려내어 선택하지 않고, 세 가지 종류의 나쁜 경지가 없는 국토를 택하는 것을 선택이라 한다.

제2는 나쁜 경지로 바뀌는 법이 없는 서원인데, 많은 불국토 속에는 비록 세 가지 종류의 나쁜 경지가 없다고 해도 그 국토의 사람들은 수명을 마친 뒤에 이에 그 국토를 떠나서 다시 세 가지 종류의 나쁜 경지로 되돌아가는 국토도 있으며 돌아가지 않는 국토도 있다. 즉 다시 말하면 악도(惡道)에 돌아갈 것 같은 추잡한 국토를 선택하지 않고 악도에 돌아가지 않는 보다 훌륭한 국토를 선택하는 것, 이것을 선택이라고 한다.

제3은 모든 것이 금색(金色)이기를 원하는 서원으로, 많은 부처님의 국토 속에는 황색, 백색의 두 가지 종류의 사람들이 살고 있는 국토가 있다. 또 순수한 금색만의 국토가 있다. 즉 황색, 백색의 두 가지 종류가 있는 추잡한 국토를 택하지 않고 금색의 한 가지 색만 있는 훌륭한 국토를 가려내는 것, 이것을 선택이라고 한다.

제4는 호추(好醜)의 구별이 없기를 바라는 서원인데, 많은 불국토 속에 살고 있는 사람들의 얼굴과 모든 모습이 보기 좋은 것과 보기 흉한 구별이 있는 국토가 있다. 그러나 모든 것이 원만(圓滿) 평등하고 수승하여 호추(好醜)의 구별이 없는 국토도 있다. 즉 호추의 구별이 있는 추잡한 국토를 버리고 호추의 구별이 없는 원만하고 평등하여 수승한 국토를 택하는 것, 이것을 선택이라고 한다.

다른 것은 생략하고 제18원(願)의 염불왕생원(念佛往生願)을 예로 들어보자.

수많은 불국토 가운데 보시(布施)의 행으로써 왕생하는 불국토가 있고 또는 계율을 잘 지킴으로써 왕생의 행위로 하는 국토도 있으며 또 인내를 왕생의 행위로 하는 불국토도 있으며, 정진하고 노력함을 왕생의 행위로 하는 불국토도 있다. 또 선정(禪定)을 왕생의 행위로 하는 불국토도 있고, 반야(般若)를 왕생의 행위로 하는 불국토도 있고 깨우침의 지혜를 얻으려고 애쓰는 마음을 왕생의 행위로 하는 불국토도 있다. 또 육념(六念)을 왕생의 행위로 하는 불국토도 있고 경전을 항상 곁에 놓고 읽는 것으로 왕생의 행위로 하는 불국토도 있다. 또는 진언을 외우는 것으로 왕생의 행위로 하는 불국토도 있고 당탑(堂塔)을 세우고 불상을 만들어서 사문에게 음식을 공양하거나 부모에게 효도하고 스승을 공경하며 선후배를 돕는 행위로 각각왕생의 행위를 하는 불국토도 있다. 또 그 나라 부처님의 명호를 열심히 부르는 것으로 왕생의 행위로 하는 불국토도 있다.

그러나 이와 같이 하나의 행위를 하나의 불국토에 배당하는 것은 단순한 설명에 지나지 않는다. 좀 더 자세히 이야기해 본다면 하나하나에 한정되어 있다는 것이 아니다. 즉 한 부처님의 국토에 왕생하기 위해서는 여러 가지 수행이 필요한 곳이 있고, 여러 부처님이 계시는 국토에 왕생함에 단지 하나의 행으로도 충분한 곳도 있다. 이처럼 왕생할 수 있는 행위도 여러 가지로 똑같은 것이 아니기 때문에 그 전부를 말할 수 없다. 즉 앞에서 말한 보시나 계율을 지키는 일 또는 그 이외 행위를 접어두고 여기서는 오직 아미타 부처님의 이름을 부르는 것을 택하기 때문에 선택이라고 한다.

問曰：彌陀如來, 於何時何佛所, 而發此願乎?

答曰：《壽經》雲：「佛告阿難, 乃往過去久遠無量不可思議無央數劫, 錠光如來, 興出於世, 教化度脫, 無量眾生, 皆令得道，乃取滅度。次有如來，名曰光遠。次名處世，如此諸佛皆悉已過，爾時次有佛，名世自在王如來，時有國王，聞佛說法，心懷悅豫，尋發無上正真道意，棄國捐王，行作沙門，號曰法藏。高才勇哲，與世超異，詣世自在王如來所。乃於是世自在王佛，即爲廣說，二百一十億，諸佛刹土，天人之善惡，國土之粗妙，應其心願，悉現與之。時彼比丘「三個鹿」丘，聞佛所說，嚴淨國土皆悉睹見。超發無上，殊勝之願。其心寂靜，志無所著，一切世間，無能及者。具足五劫，思惟攝取，莊嚴佛國清淨之行。阿難白佛：彼佛國土，壽量幾何？佛言：其佛壽命四十二劫，時法藏比丘，攝取二百一十億，諸佛妙土，清淨之行。」

又《大阿彌陀經》雲：「其佛即選擇二百一十億佛國土中，諸天人民之善惡，國土之好醜，爲選擇心中所欣願。樓夷亙羅佛說經畢，曇摩迦便一其心，即得天眼徹視，悉自見二百一十億，諸佛國土中，諸天人民之善惡，國土之好醜。即選擇心中所願，便結得是二十四願經。」

此中「選擇」者，即是「取舍」義也。謂於二百一十億諸佛淨土之中，舍人天之惡，而取人天之善，而取國土之好。《大阿彌陀經》選擇義如此，《雙卷經》意亦有選擇義，謂雲：「攝取二百一十億，諸佛妙土，清淨之行」是也。選擇與攝取，其言雖異，其意是同。然則，舍不清淨行，而取清淨之行也，上天人之善惡，國土之粗妙，其義亦然，准是應知。

大約四十八願，一往各論選擇選擇攝取之義者：

第一「無三惡趣願」者：即於所睹見之二百一十億土中，或有有三惡趣之國土，或有無三惡趣之國土，即選舍其有三惡趣粗惡國土，選取其無惡趣善妙國土，故雲選擇也。

第二「不更惡趣願」者：於彼諸佛土中，或有雖國中無三惡道，其國人天壽終之，從其國去，複更三惡趣之土。或有不更惡道之土，即選舍其更惡道粗惡國土，選取其不更惡道善妙國土，故雲選擇也。

第三「悉皆金色願」者：於彼諸佛土中，或有一土之中，有黃白二類人天之國土，或有純黃金色之國土，即選舍黃白二類粗惡國土，選取黃金一色善妙國土，故雲選擇也。

第四「無有好醜願」者：於彼諸佛土中，或有人天形色好醜不同之國土，或有形色一類無有好醜之國土，即選舍好醜不同粗惡國土，選取無有好醜善妙國土，故雲選擇也。

乃至第十八「念佛往生願」者：於彼諸佛土中，或有以布施爲往生行之土，或有以持戒爲往生行之土，或有以忍辱爲往生行之土，或有以精進爲往生行之土，或有以禪定爲往生行之土，或有以般若爲往生之土，或有以菩提心爲往生行之土，或有以六念爲往生行之土，或有以持經爲往生行之土，或有以持咒爲往生行之土，或有以起立塔像飯食沙門，及以孝養父母，奉事師長等種種之行，各爲往生行之國土等，或有專稱其國佛名爲往生行之土，如此以一行配一佛土者，且是一往之義也。再往論之其義不定，或有一佛土中，以多行爲往生行之土，或有多佛土後，以一行通爲往生行之土，如是往生之行，種種不 同，不可具述也。即今選舍前布施持戒乃至孝養父母等諸行，而「選取專稱佛號」，故雲選擇也；且約五願，略論選擇，其義如是，自餘諸願，准是應知。

질문함이라.

아무튼 48원 중에서 다섯 가지만을 요약해서 선택의 의미를 논해보았으나, 이것 외의 43원(願)은 이것을 기준으로 하여 생각해보면 이해할 수 있을 것이다. 그런데 여기서 의문이 있다. 모든 서원을 요약하면 누추한 것은 가려내어 버리고 좋고 수승한 것을 선택한다는 이유는 이해할 수가 있다. 그러나 왜 제48원에서는 모든 행위를 버리고 오로지 염불이라는 하나의 행위만을 선택하여 왕생의 본원으로 했단 말인가?

대답함이라.

좋은 질문이다. 그것은 아미타부처님의 깊은 뜻을 범부로서는 추측하기가 어렵고 또 간단하게 이해할 수가 없다는 것이다.

그러나 두 가지 이유로 해석해 본다면 하나는 우등(優等)함과 열등(劣等)의 의미이고, 또 하나는 어려움과 쉬움의 의미다. 우등함과 열등의 의미는 불교란 뛰어난 것이고, 그 밖의 행위는 뒤떨어져 있다는 것이다. 왜냐하면 아미타부처님의 이름은 어떠한 중생도 다 구제할 수 있는 일체의 공덕을 다 갖추고 있기 때문이다. 즉 아미타부처님은 자신이 증득하신 삼신(三身) 사지(四智) 십력(十力) 사무소외(四無所畏) 등의 모든 내증(內證) 공덕과 그 공덕이 외면으로 작용하여 사람들에게 미치는 광명설법 그리고 부처님의 특별한 모습이나 형태, 사람들에게 전해주는 이익 등 모든 공덕은 아미타부처님의 이름 속에 전부 담겨져 있는 것이다. 그렇기 때문에 아미타부처님의 이름의 공덕이 가장 뛰어난 것이고 그 밖의 행위는 그렇지 못한 것이며 각각 한 자리를 지키고 있는 것에 지나지 않는 것이다.

다른 말로 비유해본다면 세상에서 말하는 가실(家室)과 같은 것이다. 가실이란 말은 목재 대들보 서까래 기둥 등을 비롯한 모든 가구를 그 속에 포함시키는 총칭인데, 반대로 목재나 대들보 서까래 기둥 등의 말 하나하나에는 가실의 전체 의미를 포함시킬 수는 없다. 이것으로 이해할 수 있을 것이다. 결국 아미타부처님 명호의 공덕은 그 외 나머지의 모든 공덕보다 훨씬 뛰어나다. 그래서 뒤떨어진 것을 버리고 뛰어난 것을 선택하여 본원으로 하신 것이다.

다음으로 어려움과 쉬움의 의미가 무엇인가 하면, 염불은 받아들이기 쉽고 그 밖의 모든 행위는 받아들이기 어렵다는 말이다.

그 이유를 선도대사(善導大師)의 왕생예찬(往生禮讚)에서 찾아보면 다음과 같다.

問曰：普約諸願, 選舍粗惡, 而選取善妙, 其理可然。何故第十八願, 選舍一切諸行, 唯偏選取念佛一行, 爲往生本願乎?

答曰：聖意難測, 不能輒解, 雖然今試以二義解之, 一者「勝劣」義, 二者「難易」義。

初「勝劣」者：念佛是勝, 餘行是劣, 所以者何? 名號者是萬德之所歸也。然則彌陀一佛所有四智、三身、十力、四無畏等一切內證功德, 相好、光明、說法、利生等一切外用功德, 皆悉攝在阿彌陀佛名號之中, 故名號功德最爲勝也。餘行不然, 各守一隅, 是以爲劣也；譬如世間屋舍名字之中攝棟梁椽柱等一切家具, 而棟梁等一一名字中不能攝一切, 以是應知。然則佛名功德, 勝餘一切功德, 故「舍劣取勝」以爲本願歟!

次「難易」義者：念佛易修, 諸行難修, 是故《往生禮贊》雲：

법연상인

질문함이라.

어찌하여 마음을 한곳에 집중하여 부처님을 관상(觀想)하도록 하지 않고 곧 바로 아미타부처님의 이름을 부르도록 했는가?

대답함이라.

중생은 번뇌의 장애가 많고 생각하는 것도 좁으며 마음은 거칠고 마음의 활동도 복잡하고 이에 그 정신상태도 안정되지 못하여 관상(觀想)을 성취하기는 어렵다. 이러한 이유로 하여 대성(大聖) 석가모니부처님은 중생을 불쌍히 생각하시여 곧 바로 아미타부처님의 명호를 부르도록 권하셨던 것이다. 아미타부처님의 명호를 부르는 것은 쉬운 일이기 때문에 이것을 계속하여 부르는 것만으로도 서방정토 극락세계에 왕생할 수가 있는 것이다.

問曰：何故不令作觀, 直遣專稱名字者, 有何意也?

答曰：乃由眾生障重, 境細心粗, 識揚神飛, 難觀成就也。是以大聖悲憐, 直勸專稱名字, 正由稱名易故, 相續即生。

또 원신의 왕생요집에서도 다음과 같이 말하고 있다.

질문함이라.

모든 착한 업에는 각각 그것에 맞는 이익이 있으며 그것에 맞추어서 왕생할 수가 있다. 그런데 단지 염불만을 권하는 것은 무엇 때문인가?

대답함이라.

지금 여기서 염불을 권하는 것이 그 외 모든 훌륭한 행위를 부정한다는 것을 의미하는 것은 아니다. 다만 이 염불은 남녀 귀천, 행주좌와(行住坐臥)의 선악을 가리지 않고 또 때나 장소 등 모든 조건에도 관계없이 행하는 것이 어렵지 않기 때문이다. 더욱이 임종을 맞이하여 왕생하기를 간절히 희구하여 바란다면 이 염불만큼 좋은 것이 없기 때문이다.

이와 같이 염불은 용이하기 때문에 누구라도 할 수가 있지만 다른 행위는 어려워서 누구에게나 가능하다고 할 수는 없음을 알 수 있을 것이다. 그래서 모든 중생들을 평등하게 왕생시키기 위해서는 어려운 것을 버리고 쉬운 것을 선택하여 부처님의 본원으로 하신 것이다.

만일 당탑(堂搭)을 건립하고 불상을 만드는 것으로 아미타부처님의 본원으로 한다면 가난하고 빈궁한 사람이 왕생할 수 있는 가능성은 완전히 없어지는 것과 마찬가지다. 더구나 부유한 자는 적지만 가난한 자는 참으로 많기 때문이다.

만일 지혜가 뛰어나고 재능을 가진 자를 본원의 대상으로 한다면 지혜가 없는 어리석은 자는 왕생할 수 있는 가능성이 완전히 없어져 버릴 것이다. 더군다나 지혜가 있는 자는 적고 어리석은 자는 참으로 많기 때문이다. 만일 많이 보고 많이 들어 학문의 교양이 풍부한 자를 본원의 대상으로 한다면 얼마 배우지 못하고 학문을 얼마 하지 못한 사람은 왕생할 수 있는 가능성은 완전히 끊어질 것이다. 더구나 많이 보고 들어 학문의 교양을 쌓은 자는 적고 학문을 하지 못한 사람은 참으로 많기 때문이다.

만일 계율을 견지하고 있는 자를 본원의 대상으로 한다면 파계(破戒)나 무계(無戒)의 사람들은 왕생할 수 있는 가능성이 완전히 없어지게 된다. 더구나 계를 가지고 있는 자는 얼마 안 되고 파계한 자는 굉장히 많기 때문이다.

이 밖의 행위를 본원의 대상으로 하는 것도 역시 마찬가지이다.

이것으로 알 수가 있듯이 여러 가지 행위를 본원이라 한다면 왕생할 수 있는 자는 적고 왕생할 수 없는 자는 많게 된다.

그렇기 때문에 아미타부처님 여래(如來)께서는 법장비구로 계셨던 먼 옛날에 모든 중생을 평등한 자비로 골고루 구제하기 위하여 불상을 만들거나 당탑(堂塔)을 건립하는 등의 많은 행위를 왕생의 본원으로 하지 않으셨다. 오직 칭명염불(稱名念佛)의 한 가지 행을 본원으로 하셨던 것이다.

그래서 법조선사(法照禪師)의 오회법사찬(五會法事讚)에서도 다음과 같이 노래하고 있다.

일찍이 아미타부처님께서는 수행 중에 중생을 위하여 큰 서원을 세우셨네. 내 이름을 듣고 나를 정성껏 부르면 누구라도 서방정토 극락세계로 맞이하겠네. 가난한 자도 부유한 자도 구별하여 차별하지 않으시고, 지혜로운 자도 우둔한 자도 가리지 않으시네. 많이 배운 자도 배우지 못한 자도 구별하지 않으면 계율을 잘 지키는 자건, 파계(破戒)를 한 자건, 죄가 많은 자건, 죄가 없는 자건 가리지 않으시네. 오직 나의 죄를 깊이 반성하고 오로지 아미타부처님의 이름을 부른다면 이 세상의 기왓조각을 저 세상의 황금으로 변하게 하네.

又《往生要集》：一切善業，各有利益，各得往生，何故唯勸念佛一門？

答曰：今勸念佛，非是遮餘種種妙行，只是男女貴賤，不簡行住坐臥，不論時處諸緣，修之不難；乃至臨終，願求往生，得其便宜，不如念佛。

故知念佛易故，通於一切；諸行難故，不通諸機。然則爲令一切衆生「平等往生」，「舍難取易」以爲本願歟？！

若夫以「造像起塔」而爲本願，則貧窮困乏之類定絕往生望；然富貴者少，貧賤者甚多。

若以「智慧高才」而爲本願，則愚鈍下智者定絕往生望；然多聞者少，少聞者甚多。

若以「多聞多見」而爲本願，則少聞少見輩定絕往生望；然多聞者少，少聞者甚多。

若以「持戒持律」而爲本願，則破戒無戒人定絕往生望；然持戒者少，破戒者甚多。自餘諸行，准是應知。當知以上諸行等而爲本願，則得往生者少，不往生者甚多。

然者彌陀如來法藏比丘之昔，被催平等慈悲，爲普攝於一切，不以造像起塔等諸行爲往生本願，唯以稱名念佛一行爲其本願也。故法照禪師《五會法事贊》雲：

彼佛因中立弘誓 聞名念我總迎來 不簡貧窮將富貴 不簡下智與

高才

不簡多聞持淨戒 不簡破戒罪根深 但使回心多念佛 能令瓦礫變成金

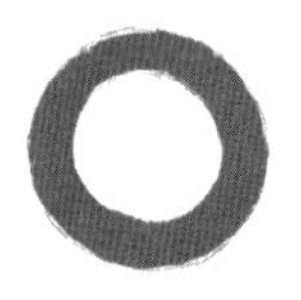

질문함이라.

모든 보살은 자기의 서원을 세우고 있는데 이미 완성한 자도 있고 아직 완성하지 못한 자도 있다. 그것에 비교하여 법장보살(法藏菩薩)의 48원은 완성되었는가, 아니면 아직 완성되지 못하였는가?

대답함이라.

법장보살(法藏菩薩)의 48대 서원은 그 일원(一願) 일원이 이미 완성되어 있다.

왜냐하면 서방정토 극락세계에는 이미 지옥도(地獄道), 아귀도(餓鬼道), 축생도(畜生道)의 삼악도(三惡道)가 없기 때문이다. 즉 제1의 무삼악취원(無三惡趣願)은 완성했다는 것을 의미한다. 어떻게 그것을 알 수 있는가 하면 원성취문(願成就文)에 "또 지옥 아귀 축생 등 모든 환란이 없음"이라고 적혀있는데, 바로 이 사실을 제시한 것이다.

그리고 극락세계에는 사람의 수명이 다한다 하여 세 가지 악취

(惡趣)에 돌아가는 법이 없기 때문에, 이것으로도 그 사실을 알 수 있을 것이다. 즉 제2의 불갱악취원(不更惡趣願), 다시는 삼악도에 떨어지지 않는 원을 완성한 것이다. 어떻게 그것을 알 수 있는가 하면 원성취문(願成就文)에 보살 또는 부처가 될 때까지 삼악취로 돌아가지 않는다는 것이 이것을 증명하고 있다.

극락세계의 사람들은 이미 부처님만이 갖출 수 있는 삼십이상(三十二相)을 모두 갖추고 있다. 이 사실로써 당연히 알 수 있듯이 제3의 구삼십이상(具三十二相)의 원을 완성한 것이 된다. 왜냐하면 원성취문(願成就文)에 "이 나라에 태어나는 자는 모두 삼십이상을 구족한다"라고 되어있는데, 바로 그 사실을 나타내고 있기 때문이다.

이와 같이 최초의 무삼악취원(無三惡趣願)에서부터 최후의 득삼법인원(得三法忍願)에 이르기까지 이미 서원이 모두 완성되어 있다. 하물며 가장 중요한 서원인 제18원의 염불왕생원(念佛往生願)만이 완성되지 않았을 리가 있겠는가. 말할 것도 없이 이미 완성되어 있다. 그러므로 염불하는 사람들은 모두 왕생한다. 그것은 염불왕생의 원성취문(願成就文)에 "모든 중생들이 나의 명호 아미타불을 얻어 깊은 마음으로 신(信)하고 환희(歡喜)하여 일념으로 회향하여 나의 나라 서방정토 극락세계에 왕생하기를 발원하면 왕생을 성취할 수 있다"라고 설하여 이 사실을 명시하고 있다.

생각해보면 원래 법장보살(法藏菩薩) 비구의 48서원에 의해서 서방정토 극락세계가 아름답게 건설되었다. 그 세계의 아름다운 연화(蓮華)와 밝고 맑은 연화지(蓮華池: 팔공덕수八功德水 연못), 그리고 보석으로 장식된 훌륭한 건물 등은 이 모두가 아미타부처님의 서원의 힘에 의해서 생긴 것이다. 그런데 어찌하여 이 서원 가운데 단 하나의 염불왕생원(念佛往生願)만을 의심할 수가 있겠는가. 결정코 그런 일은 있을 수 없다. 모든 서원의 마지막에는 "만일 그렇게 되지 않는다면 부처를 이루지 않겠다"라고 되어 있다. 그리고 아미타경(阿彌陀經)에는 "아미타부처님이 부처가 되신 지 벌써 십겁(十劫)이라는 긴 세월이 흘렀다"라고 설해져 있다. 이것으로도 부처가 되기 위한 서원은 이미 완성되어 있는 것을 알 수 있다.

그래서 선도대사(善導大師)는 왕생예찬(往生禮讚)의 후서(後序)에서 다음과 같이 말하고 있다.

"이 아미타부처님은 부처님이 되시어 지금 서방정토 극락세계에 계신다. 그러므로 부처님께서 약속하신 자비에 넘치는 서원은 결코 허망함이 아니었다는 것을 알 수가 있다. 이러한 까닭에 사람들이 아미타부처님의 명호를 부르면 반드시 서방정토 극락세계에 왕생할 수가 있다."

問曰 : 一切菩薩雖立其願, 或有已成就, 亦有未成就, 未審法藏菩薩四十八願, 爲已成就, 將爲未成就也?

答曰：法藏誓願一一成就，何者？極樂界中既無三惡趣，當知是則成就無三惡趣之願也。何以得知？即願成就文雲：「亦無地獄、餓鬼、畜牲諸難之趣」是也。又彼國人天壽終之後無更三惡趣，當知是則成就不更惡趣之願也。何以得知？即願成就文雲：「又彼菩薩乃至成佛不更惡趣」是也。又極樂人天無有一人不具三十二相，當知是則成就具三十二相願也。何以得知？即願成就文雲：「生彼國者皆悉具足三十二相」是也。如是初自無三惡趣願，終至得三法忍願，一一誓願皆悉成就。第十八念佛往生願豈獨不成就乎？然則，念佛之人皆當往生，何以得知？即念佛往生願成就文雲：「諸有眾生，聞其名號，信心歡喜，乃至一念，至心回向，願生彼國，即得往生，住不退轉」是也。凡四十八願莊嚴淨土，華池寶閣無非願力，何於其中獨可疑惑念佛往生願乎！加之一一願終雲：「若不爾者，不取正覺」，而阿彌陀佛，成佛已來，於今十劫，成佛之誓，既以成就，當知一一之願，不可虛設。故善導雲：「彼佛今現，在世成佛，當知本誓，重願不虛，眾生稱念，必得往生。」

질문함이라.

무량수경(無量壽經)에는 일념(一念)이라고 기록되어 있고, 선도대사(善導大師)의 주석서(注釋書)인 관념법문(觀念法門)에는 십성(十聲)이라고 되어있는데, 념(念)과 성(聲)은 의미가 동일한 것인가?

대답함이라.

념(念)과 성(聲)은 동일하다. 왜냐하면 관무량수경의 하품하생(下品下生) 단(段)에 "소리를 내어 멈추지 않고 열 번 나무아미타불(南無阿彌陀佛)을 부르라. 내 이름을 부르는 소리소리의 염불 속에 팔십억겁(八十億劫)의 생사 중죄가 녹아 없어진다"라고 설하고 있다. 지금 이 문장에 의하면 성(聲: 소리)은 염(念: 생각)이고, 염(念)은 그대로 성(聲)이라는 의미가 명료해진다.

이것뿐만이 아니다. 대집경(大集經)의 월장분(月藏分)에는 "대념(大念)은 큰 부처님을 보고 소념(小念)은 작은 부처님을 본다"고 되어있다.

이것은 회감법사(懷感法師)가 주석하여 "대념(大念)이란 큰 소리의 염불이고, 소념(小念)이란 작은 소리의 염불을 말한다"라고 해석하였다. 이것으로써 염(念)이란 즉 소리를 내어 부르는 것임을 알 수 있다.

問曰 : 《經》 雲 : 「十念」, 《釋》 雲 : 「十聲」, 「念聲」 之義如何?

答曰 : 「念聲是一」, 何以得知? 《觀經》 下品下生雲 : 「令聲不絕, 具足十念, 稱南無阿彌陀佛, 稱佛名故, 於念念中, 除八十億劫生死之罪。」 今依此文, 聲即念, 念即是聲, 其意明矣! 加之《大集月藏經》 雲 : 「大念見大佛, 小念見小佛。」 感師釋雲 : 「大念者大聲念佛, 小念者小聲念佛」, 故知念即是唱也。

질문함이라

무량수경(無量壽經) 권상(卷上)에는 내지(乃至)라고 되어 있고, 그 의 주석 관념법문(觀念法門) 왕생예찬(往生禮讚) 후서(後序)에는 하지(下至)라고 되어있는데, 그 의미는 무엇인가?

대답함이라.

내지(乃至)와 하지(下至)의 의미는 동일(同一)하다. 무량수경에 내지라고 되어있는 것은 많은 것에서 적은 것으로 향할 때 사용하는 말이다. 많다는 것은 위로 임종직전까지의 전생애를 가리키는 말이고, 적다는 것은 '아래로 십성(十聲) 또는 일성(一聲)에 이르기까지'라는 말이다.

주석에 하지(下至)라고 되어있는 것은 하(下)는 상(上)에 대한 말이므로 하(下)라는 것은 '임종의 직전 일성(一聲)에 이르기까지'라는 말이며, 상(上)이란 것은 임종직전까지의 전생애를 가리킨다. 이와 같이 상(上) 하(下)는 상대적인 말로서 그 예는 굉장히 많다.

제5의 숙명통원(宿命通願)에도 다음과 같이 말하고 있다.

만일 내가 부처가 된 후에 그 나라에 살고 있는 사람이 자기의 전생(前生)에 대한 일을 모르고 아래로 백천억나유타겁(百千億那由他劫) 동안 있었던 일에 이르기까지 알지 못하는 일이 있다면 그 동안은 완전한 깨우침을 얻은 부처가 되지 않을 것이다. 마찬가지로 제6에서 제10까지의 오신통원(五神通願) 및 제12의 광명무량원(光明無量願) 등의 문장에도 하나하나 하지(下至)라는 말을 사용하고 있다. 이것은 바로 많은 것에서 적은 것으로 향해가는 것이고 하(下)는 상(上)에 대조되는 의미다.

이상에서 예를 든 팔종의 원에 의해서 생각해 보면 지금 이 제18원의 내지(乃至)라는 것은 그대로 하지(下至)인 것이다. 따라서 지금 선도대사(善導大師)가 인용하여 주석하신 하지(下至)라는 말도 그 의미가 똑같은 것이다.

선도대사의 견해는 다른 선덕(先德)과 상이하다. 다른 선덕들의 해석에서는 따로 십념왕생원(十念往生願)이라고 부르고 있는데 비해 선도대사 혼자만 총괄하여 염불왕생원(念佛往生願)이라 하고 있다. 다른 선덕들이 따로 십념왕생원(十念往生願)이라고 한 것은 그 생각이 폭넓다고 할 수가 없다. 그 이유는 상(上)은 한 생애에 걸쳐 염불한 자와 또 하(下)는 그저 일성(一聲)의 염불만 한 자는 왕생할 수 없으며 오직 십념(十念)을 외운 자만이 왕생할 수 있게 되기 때문이다. 그러므로 선도대사가 총괄(總括)해서 염불왕생원(念佛往生

願)이라고 한 것은 그 생각이 폭넓다고 할 수 있다. 그 이유는, 상(上)은 한 생애에 걸쳐 염불한 자나 하(下)는 단 한번 염불한 자까지도 모두 포함시키고 있기 때문이다.

問曰 :《經》雲 :「乃至」,《釋》雲「下至」, 其意如何?

答曰 : 乃至與下至, 其意是一。《經》雲 :「乃至」者「從多向少」之言也 ; 多者上至一形也, 少者下至十聲一聲等也。《釋》雲 :「下至」者 :「下者對上」之言 ;「下者」下至十聲一聲等也,「上者」上盡一形也, 上下相對之文, 其例惟多。宿命通願雲 :「設我得佛, 國中人天, 不識宿命,『下至』不知百千億那由他諸劫事者, 不取正覺。」如是五神通, 及以光明壽命等願中, 一一置「下至」之言, 是則「從多至少」「以下對上」之義也。例上八種之願, 今此願「乃至」者即是「下至」也, 是故今善導所引釋「下至」之言, 其意不相違。但善導與諸師, 其意不同, 諸師之釋別雲 :「十念往生願」。善導獨總雲 :「念佛往生願」。諸師別雲十念往生願者, 其意即不周也。所以然者, 上舍一形, 下舍一念故也。善導總言「念佛往生願」者, 其意即周也, 所以然者, 上取一形, 下取一念故也。

대세지보살

제 4 장

정토 왕생을 원하는 3종의 수행인

정토 왕생을 원하는 사람들의 능력에는
삼종(三種)의 구별이 있는데
염불에 의해서 모두 왕생할 수 있음을 설한 글.

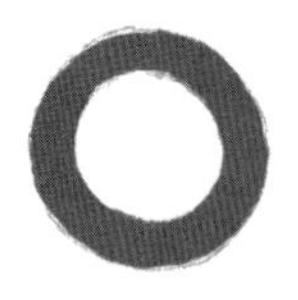

무량수경 하권(下卷)에 다음과 같이 설하고 있다.

부처님께서 아난에게 말씀하시기를 시방세계에 살고 있는 많은 천인(天人)과 인간 가운데 진실된 마음으로 아미타부처님의 정토에 태어나기를 원하는 자의 능력은 세 가지로 구별할 수 있다.

상배(上輩)라는 것은 집을 버리고 욕심을 버리고 출가 사문이 되어 오로지 무량수불(無量壽佛: 아미타불)을 사모하여 많은 선행을 쌓아서 아미타부처님의 정토에 태어나기를 원하는 사람들이다. 이와 같은 사람들이 임종을 맞이하였을 때는 무량수불이 많은 대중과 함께 그 사람 앞에 나타나심이라. 그래서 곧바로 아미타부처님을 따라 정토에 왕생한다. 그는 곧 정토의 칠보(七寶)의 연화(蓮華) 속에 눈깜짝할 사이에 태어나 두 번 다시 번뇌와 방황하는 세계에 돌아오는 일이 없다. 몸에 갖추어진 참된 지혜에 의해서 사물의 경계에 굴복하는 일이 없이 초자연적인 힘을 자유자재로 구사할 수 있다. 이러한 까닭으로 아난아, 사람들이 지금 이 세상에서 무량수불을 친견하고 싶다고 생각한다면 마땅히 불도를 이룩하려는 마음을 세우고 선행을 축적하면서 서방정토 극락세계에 태어나기를 발원해야 한다.

부처님께서 아난에게 말씀하시기를 중배(中輩)라는 것은 시방세계에 살고 있는 많은 천인과 사람들이 지극한 마음으로 저 국토(서방정토 극락세계)에 태어나고자 원을 세우고 비록 출가 사문이 되었지만 크게 공덕을 쌓지 못하더라도 마땅히 위없는 보리심을 내어 오로지 일념(一念)으로 무량수불을 염(念)하는 사람들이다. 선행과 계율을 받들어 지키며 몸과 마음을 조심하고 자기의 행위를 반성하며 당탑(堂塔)을 건립하고 불상을 조성하거나 사문에게 공양을 올리고 비단으로 깃발을 장식하고 불전에 등불을 밝히며 예쁜 꽃을 올리고 향을 사르며 이러한 공덕을 회향하여 아미타부처님의 정토에 태어나기를 발원한다. 그러면 그 사람의 임종시에 무량수불이 화현(化現)으로 광명을 나투시며 많은 성중(聖衆)과 함께 그 사람 앞에 나타나시느니라. 그 사람은 곧 아미타부처님을 따라서 극락정토에 왕생하여 불퇴전(不退轉: 정정취正定聚, 아비발치阿卑跋致)의 자리에 올라 두 번 다시 번뇌와 방황의 세계에 돌아오는 법이 없다. 그 공덕과 지혜는 상배(上輩) 다음으로 뛰어나다.

부처님께서 아난에게 말씀하시를, 다음 하배(下輩)란 것은 시방세계의 많은 사람들 중에 비록 많은 선행을 쌓을 수는 없어도 진실하고 참된 마음으로 아미타부처님께서 계신 서방정토 극락세계에 왕생하기를 발원하여 한결같은 마음으로 아미타부처님의 명호를 계속 불러 왕생하기를 원하는 사람들이다. 이 사람은 임종시 꿈속에서 아미타부처님을 뵈옵고 곧 서방정토 극락세계에 왕생한다. 지혜와 공덕은 중배(中輩)의 다음 간다.

《無量壽經》下雲：佛告阿難, 十方世界, 諸天人民, 其有至心, 願生彼國, 凡有三輩：

其上輩者, 舍家棄欲, 而作沙門, 發菩提心, 一向專念, 無量壽佛, 修諸功德, 願生彼國。此等衆生, 臨壽終時, 無量壽佛, 與諸大衆, 現其人前, 即隨彼佛, 往生其國。便於七寶華中, 自然化生, 住不退轉, 智慧勇猛, 神通自在。是故阿難, 其有衆生, 欲於今生, 見無量壽佛, 應發無上菩提之心, 修行功德, 願生彼國。

佛語阿難, 其中輩者, 十方世界, 諸天人民, 其有至心, 願生彼國, 雖不能行作沙門, 大修功德, 當發無上菩提之心, 一向專念, 無量壽佛, 多少修善, 奉持齋戒, 起立塔像, 飯食沙門, 懸繒、然燈、散華、燒香, 以此回向, 願生彼國。其人臨終, 無量壽佛, 化現其身, 光明相好, 具如真佛, 與諸大衆, 現其人前, 即隨化佛, 往生其國, 住不退轉, 功德智慧, 次如上輩者也。

佛告阿難, 其下輩者, 十方世界, 諸天人民, 其有至心, 欲生彼國。假使不能作諸功德, 當發無上菩提之心, 一向專意, 乃至十念, 念無量壽佛, 願生其國。若聞深法, 歡喜信樂, 不生疑惑, 乃至一念, 念於彼佛, 以至誠心, 願生其國。此人臨終, 夢見彼佛,亦得往生, 功德智慧, 次如中輩者也。

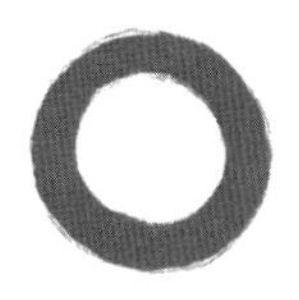

질문함이라.

삼종(三種)의 구별 가운데 상배(上輩)에 관한 문(門)에는 염불 이외에 집을 버리고 욕심을 버리는 나머지 행이 있었고, 중배(中輩)에 관한 문에는 당탑(堂塔)을 조립(造立)하거나 불상을 조성하는 등의 여행(餘行)이 있었고, 하배(下輩)에 관한 문에는 보리심 등의 여행이 있었다. 그런데 어찌하여 오직 염불만 하여 왕생한다고 하였는가?

대답함이라.

선도화상(善導和尙)의 관념법문(觀念法門)에 무량수경 하권(下卷)의 처음 부분을 인용하여 다음과 같이 설법하고 있다.

석존은 모든 사람을 그 사람의 능력이나 소질에 따라 상중하(上中下)의 삼종으로 구별하셨다. 그러므로 그러한 능력에 따라 여러 가지 수행방법을 설하였지만 그럼에도 어떤 사람이거나 오직 아미타부처님을 염하라고 권하고 계신다. 그래서 그 사람이 임종을 맞이하였을 때 아미타부처님께서는 여러 성중(聖衆: 연지해중상선인蓮池海衆上善人)과 함께 손수 영접을 나와 한 사람도 빠짐없이 서방정토 극락세계에 왕생시킨다고 설하고 있다.

이와 같이 선도화상의 주석에 의하면 삼배(三輩)는 모두 염불에 의해서만 왕생할 수 있다고 한다.

私問曰：上輩文中，念佛之外，亦有舍家棄欲等餘行；中輩文中，亦有起立塔像等餘行；下輩文中，亦有菩提心等餘行，何故唯雲念佛?

答曰：善導和尚《觀念法門》雲：「又此經下卷初雲：佛說一切衆生，根性不同，有上中下，隨其根性，佛皆勸專念無量壽佛名，其人命欲終時，佛與聖衆，自來迎接，盡得往生。」依此釋意，三輩俱雲念佛往生也。

법연상인

질문함이라.

그러나 이 주석만으로는 앞에서 문제로 했던 의문이 풀리지 않는다. 왜 다른 모든 여러 가지 행을 버리고 오로지 염불만 하라고 했는가?

대답함이라.

그 뜻에는 세 가지 의미가 있다.

❶제1은 다른 행위를 그만두고 염불만을 하게 하기 위하여 모든 여러 가지 행을 설법하셨다.

❷제2는 염불을 돕기 위하여 모든 여러 가지 행을 설법하셨다.

❸제3은 염불과 모든 행의 두 부분을 요약하여 각각 세 가지 종류의 구별이 성립하도록 하기 위해서 설법하셨다.

제1의 모든 여러 가지 행을 그만두고 오직 염불에만 귀일(歸一)시키기 위해서 모든 여러 가지 행을 설법하셨다는 것은 선도대사(善導大師)의 관경소(觀經疏) 산선의 (散善義)에서 "정선(定善), 산선

(散善) 두 가지의 가르침에는 각각의 이익이 있다고 설법하고 있지만 아미타부처님의 본원에 맞추어 보면 석존이 설법하신 본의는 사람들에게 일향전심(一向專心)으로 아미타부처님의 이름을 부르게 하시는데 있었던 것이다"라고 설하고 있다.

이 주석의 의미에 비추어 잠시 생각해보자. 상배(上輩)자에 대하여 깨침을 얻고 싶다는 보리심 등의 나머지 행을 설법하고 있지만 앞에서 말한 것처럼 아미타부처님의 본원에 맞춰 보면 그 본의는 사람들에게 오직 아미타부처님의 이름을 열심히 부르게 하는 데 있다. 그렇기 때문에 본원 속에는 다른 나머지 행이 있을 수 없다. 따라서 삼배(三輩) 모두가 아미타부처님의 본원에 의한 것이며 오직 일향(一向)으로 아미타부처님을 열심히 부르는 것이다. 일향이란 것은 이방면(二方面) 삼방면(三方面) 등으로 향한다는 다방면적인 의미에 대칭하는 말이다.

예를 들면 고대 인도를 동서남북중(東西南北中)의 다섯 인도로 나누어서 삼종(三種)의 절이 있는 것에 비유할 수 있다.

❶제1은 마음을 오로지 향해 대승을 배우는 일향대승사(一向大乘寺)인데, 이 절에서는 소승불교를 공부하지 않는다.

❷제2는 마음을 오로지 향해 소승을 배우는 일향소승사(一向小乘寺)인데, 이 사찰에서는 대승불교를 배우는 일이 없다.

❸제3은 대승과 소승을 함께 배우는 사찰로 대소승겸행사(大小乘兼行寺)로서 이 절에서는 대승불교 소승불교를 모두 함께 공부한

다. 그래서 겸행사(兼行寺)라고 한다.

여기서 확실히 알 수가 있듯이 대승 또는 소승만 공부하는 사찰에서는 일향(一向)이라는 말이 가능하지만 겸행하는 절에는 일향이라는 말이 없다. 지금 이 경 속에서 말하고 있는 일향(一向)이라는 것도 이와 같은 의미다. 만일 염불 이외에 다른 행위가 덧붙여진다면 그것은 이미 일향이 아니다. 절에 비유하자면 겸행사(兼行寺)에 해당하는 것이다. 그러나 이미 일향이라는 것을 제시하여 다른 행[餘行]을 겸하지 않을 것을 분명히 하셨다. 앞에서 말했듯이 다른 행을 설법하고 계시지만 나중에는 일향(一向) 전심(專心)이라고 명언(明言)하셨다. 이렇게 다른 행을 그만두고 오직 염불만을 부르기 때문에 일향이라고 한다는 것을 분명히 알아야할 것이다. 만일 이렇게 설명하지 않는다면 일향(一向)이라는 말을 납득하기가 어렵지 않겠는가.

제2의 염불을 돕기 위하여 제행(諸行)을 설법하셨다는 것은 두 가지 의미가 있다. 하나는 같은 종류의 선(善)으로 염불을 돕는 것이고 또 하나는 다른 종류의 선으로 염불을 돕는 것이다. 첫째의 같은 종류로 염불을 돕는다는 것은 선도화상의 관경소(觀經疏) 산선의(散善義)에서 염불일행(念佛一行)을 돕는 행위로 오종(五種)의 조행(助行)을 들고 있다. 자세한 것은 제2장의 정행(正行)과 잡행(雜行)의 이종(二種)의 행에 대해서 설명한 것과 같다.

그 다음 다른 종류의 조성(助成)이라고 하는 것은 먼저 상배자(上

輩者)에 대하여 정행(正行)과 조행(助行)을 말한다면 오직 일향으로 열심히 아미타부처님을 부르는 것이 정행인데 이것은 도움을 받는 쪽이다. 집과 욕심을 털어버리고 사문이 되어 진리를 깨우쳐 터득하려는 마음을 세우는 것은 조행인데 이것은 도와주는 쪽이다. 결국 왕생을 위한 행업으로는 염불을 근본으로 삼는다. 그러기 때문에 일향으로 염불을 하기 위하여 집을 버리고 욕심을 버리고 사문이 되어 진리를 터득하려는 마음을 세우는 것이다. 다만 출가라든가 발심이라는 것은 여기에서는 처음 출가했을 때와 처음 발심했을 때를 말한다.

염불이란 기나긴 일생 동안 잠시도 멈추지 않는 행위다. 때문에 이러한 행위들이 어찌하여 염불을 방해할 수 있단 말인가. 결코 그런 일은 없을 것이다. 그리고 중배자(中輩者) 중에서 당탑(堂塔)을 건립하거나 불상을 조성하거나 비단을 장식하거나 불전에 연등을 켜고 아름다운 꽃을 올리고 향기로운 향을 올리는 등 많은 행업이 있다. 이것은 모두 그대로 염불을 돕는[助成] 것이다. 그 주지(主旨)는 혜심승도(惠心僧都)의 왕생요집(往生要集)에 의해서도 알 수 있다. 십문(十門) 가운데 제5문(第五門)의 조념방법(助念方法)의 장소나 공물(供物), 도구 등을 말한다. 또 하배자(下輩者) 중에는 역시 깨침을 얻으려고 발심하는 것과 염불이 있다. 조행(助行)과 정행(正行)과의 관계는 이미 앞에서 말한 것으로 이해할 수 있을 것이다.

제3의 염불과 제행(諸行)을 두 부문으로 요약하여 각각 세 가지 종류의 구별이 성립하도록 제행을 설법하셨다는 것은 먼저 염불을 요약해서 세 가지로 구별하고 있다. 즉 이 세 가지 속에는 공통적으로 모두 일향으로 아미타부처님의 명호를 칭명하라 하고 있다. 이것을 염불문(念佛門)에 요약해서 세 가지 종류를 세운 것이다.

그러므로 왕생요집(往生要集) 제팔문(第八門)의 염불증거문(念佛証據門)에 무량수경의 삼배(三輩)의 업에는 깊고 얕음의 차이가 있지만, 그러나 모두 공통적으로 오직 일향전심(一向專心)으로 무량수불을 부르라고 설법하고 있다. -회감법사(懷感法師)도 같은 생각이다.-

그 다음 제행문(諸行門)을 요약하여 삼종(三種)을 세운 것은 삼배(三輩)의 문에 모두 깨침을 얻으려는 마음을 일으키는 것 등의 제행(諸行)이 있기 때문이다. 그러므로 다른 제행을 요약해서 삼종을 세운 것이다. 그 때문에 왕생요집(往生要集) 제구문(第九門)의 제행왕생문(諸行往生門)에 무량수경에 설한 삼배도 역시 삼종(三種)과 마찬가지이다. 이와 같은 삼종의 의미는 서로 다르지만 어느 것이나 전일(專一)하게 일향으로 염불하기 위해 설법되어 진 것에는 변함이 없다.

❶즉 제1의 의미는 제행을 그만두게 하기 위하여, 그리고 염불을 성립시키기 위해서 설법하신 것이다.

❷제2의 의미는 조정을 위한 설법으로 염불의 직접 원인이 되는 바른 행위를 조장시키기 위해서 다른 행업의 간접 원인이 되는 행

업을 설법하신 것이다.

❸제3의 의미는 방정(倣正)을 위해서 설한 것으로 염불과 다른 행업과의 두 가지 부문을 설법하였는데 염불을 구제의 바른 실천행으로 했고 다른 행업을 부수적인 것으로 하였다. 이것으로 미루어 보아 삼배자(三輩者) 모두에게 염불을 권하고 있다는 것을 알 수가 있다. 다만 이 삼종(三種)의 의미는 우열을 가리기 어렵다. 아무쪼록 어느 것을 택하고 버릴 것인가는 배우는 사람들이 스스로 잘 생각해서 선택하기 바란다. 그러나 만일 선도화상의 해석을 살펴보면 제1의 의미인 '그만두게 한다'[廢立]를 가장 중요한 것으로 하였다.

問曰：此釋未遮前難, 何棄餘行, 唯雲念佛乎?

答曰：此有三意, 一爲廢諸行歸於念佛而說諸行也, 二爲助成念佛而說諸行也, 三約念佛諸行二門各爲立三品而說諸行也。

一「爲廢諸行歸於念佛」而說諸行者：准雲善導《觀經疏》中：「上來雖說定散兩門之益, 望佛本願, 意在眾生, 一向專稱, 彌陀佛名」之釋意且解之者。上輩之中雖說菩提心等餘行, 望上本願意, 唯在眾生, 專稱彌陀名, 而本願中更無餘行。三輩俱依上本願, 故雲「一向專念無量壽佛」也；一向者對二向、三向等之言也。

例如彼五竺有三種寺，一者一向大乘寺，此寺之中無學小乘；二者一向小乖寺，此寺之中無學大乘；三者大小兼行寺，此寺之中大小兼學，故雲兼行寺。當知大小兩寺有一向之言，兼行之寺無一向之言，今此經中一向亦然，若念佛外亦加餘行即非一向若准寺者可雲兼行。既雲一向，不兼餘明矣。雖先說餘行，後雲「一向專念」，明知廢諸行，唯用念佛，故雲一向，若不然者，一向之言，最以叵消歟！

二「爲助成念佛」說此諸行者；此亦有二意：一以同類善根助成念佛，二以異類善根助成念佛。初「同類助成」者，善導和尚《觀經疏》中，舉五種助行，助成念佛一行是也；具如上正雜二行之中說。次「異類助成」者，先就上輩而論正助者，「一向專念無量壽佛」者是正行也，亦是所助也。舍家棄欲、而作沙門、發菩提心等者是助行也，亦是能助也。謂「往生之業，念佛爲本」，故爲一向修念佛，舍家棄欲而作沙門，又發菩提心等也。就中出發心等者，且指初出及以初發，念佛是長時不退之行，寧容妨礙念佛也；中輩之中亦有起立塔像、懸繒、燃燈、散華、燒香等諸行，是則助成念佛也；其旨見於《往生要集》，謂助念方法中，方處供具等是。下輩之中亦有發心，亦有念佛，助正之義，准前可知。

三「約念佛諸行各爲立三品」而說諸行者；先約念佛立三品者，謂此三輩中通皆雲：「一向專念無量壽佛」，是則約念佛門立其三品也。故《往生要集》「念佛證據門」雲：「《雙卷經》三輩之業雖有淺深，然通皆雲：『一向專念無量壽佛』。」次約諸行門立三品者，謂此三輩中通皆有菩提心等諸行，是則約諸行立其三品也。故《往生要集》「諸行往生門」雲：「《雙卷經》三輩亦不出此。」

凡如此三義，雖有不同，俱是所以爲「一向念佛」也。初義即是「爲廢立而說」，謂諸行爲廢而說，念佛爲立而說；次義即是「爲助正而說」，謂爲助念佛之正業，而說諸行之助業；後義即是「爲傍正而說」，謂雖說念佛諸行二門，以念佛而爲正，以諸行而爲傍。故雲：「三輩通皆念佛」也。

但此等三義，殿最難知，請諸學者，取舍在心。今若依善，以初爲正耳。

질문함이라.

삼배(三輩)의 업은 모두 염불하라는 의미는 확실해졌다. 그러나 관무량수경에 설명되어있는 구품(九品)과 무량수경에 설명되어 있는 삼배(三輩)라는 것은 구별의 차이에서 비롯된 것으로 그 구별의 차이란 원래 개합(開合)의 차이에 지나지 않는다. 개합의 차이가 생겼다고 하면 어째서 무량수경의 삼배(三輩)에서는 모두 염불하라고 했으며, 관무량수경의 구품(九品)의 단(段)에서는 상품(上品) 중품(中品)의 육품(六品)에서 염불을 설명하지 않고 하품(下品)의 삼품(三品)에 이르러서 처음으로 염불을 설명하였는가?

대답함이라.

거기에는 두 가지 의미가 있다.

제1은 질문의 첫 부분에서 말한 것처럼 무량수경의 삼배(三輩)와 관무량수경의 구품(九品)은 그 개합(開合)의 정도의 차이에 지나지 않는다고 생각할 수가 있다. 그래서 구품 속에는 모두가 염불이 있다. 왜냐하면 삼배(三輩) 속에 모두 염불이 있기 때문에 구품 속에 염불이 있는 것은 당연한 일이기 때문이다. 그렇기 때문에 왕생요집(往生要集)에서는 다음과 같이 설명하고 있다.

질문함이라.

염불은 구품(九品) 중 어느 품(品) 속에 들어가 있는가?

대답함이라.

만일 경에서 설명되어 있는 것처럼 수행한다면 당연히 상품상생(上品上生)자에 해당할 것이다. 그러나 사람의 능력에는 승렬(勝劣)의 차이가 있기 때문에 이와 같이 우열의 차이에 따라 구품(九品)으로 나눈 것이다. 그런데 관무량수경에 설해져 있는 구품(九品)의 행업은 그저 그 일부분만을 나타낸 것으로 그 도리로부터 말한다면 실제로는 셀 수 없을 만큼 그 종류가 많다. 그렇기 때문에 염불이 구품연대(九品蓮臺)의 어느 것에도 포함되어 있다는 것을 알 수 있다.

제2는 관무량수경의 취의(趣意)는 처음에 널리 정선(定善)과 산선(散善)의 두 행위를 설명하여 두루 사람들의 능력에 맞춘 다음 정선, 산선의 두 가지 행위를 없애 오직 염불의 일행(一行)에 귀일(歸

一)시키는 데 있다. 즉 관무량수경의 마지막 부분에 나오는 "너는 이 말을 후세에까지 전하여라"고 하는 부촉의 문(門)을 말한다. 그 의미에 대해서는 나중 12장(章)에서 자세히 말하기로 하겠다. 그러므로 구품의 행위는 오로지 염불하는데 있음을 알 수 있다.

問曰:「三輩之業, 皆雲念佛」, 其義可然。但《觀經》九品與《壽經》三輩, 本是開合異也, 若爾者何《壽經》三輩之中皆雲念佛? 至《觀經》九品, 上中二品不說念佛, 而至下品始說念佛也?

答曰:此有二義:

一如問端雲:《雙卷》三輩,《觀經》九品, 開合異者, 以此應知。九品之中, 皆可有念佛, 雲何得知? 三輩之中皆有念佛, 九品之中無念佛乎!故《往生要集》雲:「問:念佛之行, 於九品中, 是何品攝? 答:若如說行, 理當上上, 如是隨其勝劣, 應分九品。然經所說, 九品行業, 是示一端, 理實無量。」故知念佛亦可通九品。

二《觀經》之意:初廣說定散之行, 普逗眾機;後廢定散二善, 歸念佛一行;所謂「汝好持是語」等之文是也。其義如下具述, 故知「九品之行, 唯在念佛」矣。

대세지보살

제 5 장

염불의 이익

염불하는 자의 이익을 설한 글.

관무량수경 하권(下卷)에 다음과 같이 설해져 있다.

부처님께서 미륵보살에게 말씀하시기를 아미타불의 이름을 듣고 환희용약(歡喜踊躍)하여 단 한번이라도 염불한다면 이 사람은 큰 이익을 얻을 것이다. 곧 이 이익이란 더없이 훌륭한 공덕을 몸에 지닌 것과 같다.

선도대사의 왕생예찬(往生禮讚)에서도 다음과 같이 찬탄하여 노래하고 있다.

"아미타불의 이름을 들으면 마음속 깊은 곳으로부터 기쁨이 넘쳐흘러 단 한번만이라도 염불하여도 모두 아미타불이 계시는 서방정토에 태어나네."

《無量壽經》下雲：佛語彌勒：其有得聞 彼佛名號 歡喜踴躍 乃至一念 當知此人 爲得大利 則是具足 無上功德 善導《禮贊》雲：

其有得聞彼 彌陀佛名號 歡喜至一念 皆當得生彼

질문함이라.

앞에서 말한 삼배(三輩)의 문장에 의하면 염불 이외에 깨침을 얻고 싶다는 마음 등의 공덕을 예로 들고 있다. 어찌하여 이 공덕들을 내세우지 않고 단지 염불의 공덕만을 찬탄하는가?

대답함이라.

부처님의 깊은 뜻은 헤아릴 수 없지만 거기에는 반드시 깊은 까닭이 있을 것이다. 여기에서 선도대사의 가르침에 의한다면 결국 부처님의 취의(趣意)는 직접 정면으로 염불수행을 설명하려고 했지만 사람의 능력에는 각기 차이가 있으므로 일단 그 능력에 맞추어 깨침을 얻으려는 마음 등의 여러 제행(諸行)을 설명하고서 삼배(三輩)에 대하여 깊은 것과 얕은 것을 구별하셨던 것이다. 그러나 지금은 다른 제행(諸行)을 버리고 오직 염불 일행(一行)만을 선택하여 찬탄하셨다. 이 뜻을 깊이 생각해보지 않으면 안 될 것이다. 만일 염불에 한정해서 삼배(三輩)에는 왜 구별이 있는지 그 이유를 생각해 보면 여기에는 두 가지의 의미가 있다.

❶첫째는 관념의 심천(深淺)에 따라 삼배(三輩)를 구별한 것이고,

❷둘째는 염불의 다소에 따라 삼배(三輩)를 구별한 것이다.

깊고 낮다고 하는 것은 전장(前章)에서 인용한 것처럼 왕생요집(往生要集)의 "만일 경전에 설법되어 있는 대로 수행한다면 당연히 상품상생(上品上生)자에 해당할 것이다"라는 의미로 깊고 낮음이 존재하게 된다.

그 다음 많고 적다는 것은 삼배 중의 하배(下輩)를 설명한 문장 속에는 십념(十念) 내지 일념(一念)이라는 숫자가 있다. 상배(上輩) 중배(中輩)에 속하는 자일 수록 이것을 기준으로 그 숫자가 증가하기 때문에 결국 많고 적은 것이 있다는 것이 된다. 이것에 대해서 선도대사는 관념법문(觀念法門)에서 다음과 같이 말하고 있다.

"일만편(一萬遍)의 염불을 하여라. 또 가끔씩은 정토에 아름답게 있는 것을 찬탄 칭송하며 열심히 정진 노력해야 한다. 또는 하루에 삼만(三萬) 육만(六萬) 십만편(十萬遍)의 염불을 하는 자는 모두 상품상생(上品上生)의 사람이다."

이것으로 알 수 있듯이 삼만편(遍) 이상의 염불을 하는 자는 상품상생에 도달하는 행위가 되고 삼만편 이하의 염불을 하는 사람은 상품(上品) 이하의 행위가 된다. 그러므로 이미 염불하는 숫자의 많고 적음에 따라 구품(九品) 등의 구별이 있다는 것이 확실해졌다.

지금 여기에서 말하는 일념(一念)이란 제3장에서 말하는 무량수경의 염불 서원이 완성된다는 부분의 일념과 제4장의 하배(下輩)를 설명한 부분에서 분명해진 일념을 말한다. 원성취문(願成就文)에서 일념이라고 말하고는 있지만 아직 위대한 공덕의 이익을 설명하지는 않았다. 또 하배(下輩)를 설명한 문장에서도 일념에 대해서는 언급하고 있지만 역시 위대한 공덕의 이익에 대해서는 설명하지 않았다. 그러나 이 장(章)에 이르러 일념의 위대한 이익이 있다는 것을 설명하였고 그것을 최고의 것으로서 찬탄하였다. 여기서 말할 수 있듯이 앞에서 말한 일념도 역시 이것과 같은 것을 의미한다.

이 훌륭한 이익이란 것은 작은 이익에 상대되는 말이다. 그렇기 때문에 깨침을 얻으려는 마음 등의 여러 행위로써 작은 이익을 얻고 한번의 염불만으로도 위대한 이익을 얻게 된다. 또 최고의 무상의 공덕이라고 하는 것은 다른 여러 행위로는 보다 더 좋은 위[上]가 있는데 염불로서는 더 이상 좋은 게 없는 최고의 것이라는 것이다. 단 한번의 염불조차도 더 바랄 것 없는 무상의 이익을 얻는 것이기 때문에 십념(十念)이라면 십념대로 더없는 이익을 얻는 것이고 백념(百念)이라면 백념대로 천념(千念)이라면 천념대로 무상의 이익을 얻게 되는 것이다. 이와 같이 전개해 가면 적은 것에서부터 많은 것에 이르러 염불을 갠지스 강의 수많은 모래알 만큼 많이 한다면 무상의 염불공덕(念佛功德)도 역시 갠지스 강의 모래알 만큼 많아진다.

그러므로 왕생을 원하는 많은 사람들은 무엇 때문에 무상의 위대한 이익을 얻을 수 있는 염불을 하지 않고 억지로 적은 이익밖에 없는 다른 행위를 하려고 하는가? 그럴 필요가 없는 것이다.

私問曰：准上三輩文, 念佛之外擧菩提心等功德, 何不歎彼等功德, 唯獨贊念佛功德乎？

答曰：聖意難測, 定有深意, 且依善導一意而謂之者, 原夫佛意雖唯欲正直說念佛之行, 而一往隨機說菩提心等諸行, 分別三輩淺深不同。然今於諸行者既舍而不歎, 置而不可論者也。唯就念佛一行, 既選而贊歎, 思而容分別者也。若約念佛分別三輩, 此有二意：一隨「觀念深淺」而分別之, 二以「念佛多少」而分別之。

「淺深」者如上所引：「若如說行, 理當上上」是也。

次「多少」者, 下輩文中既有十念乃至一念之數, 上、中兩輩, 准此隨增。《觀念法門》雲：「日別念一萬遍佛, 亦須依時禮贊淨土莊嚴事。大須精進, 或得三萬六萬十萬者, 皆是上品上生人。」當知三萬以上, 是上品上生業；三萬已去, 是上品已下業。既隨念佛數多少, 分別品位是明矣。

今此言「一念」者, 是指上念佛願成就之中所言「一念」, 與下輩之中所明「一念」。願成就文中雖雲一念, 未說功德大利；又下輩文中雖雲一念, 亦不說功德大利；至此一念說爲「大利」, 歎爲「無上」, 當知是指上一念也。

此「大利」者是對小利之言也, 然則以菩提心等諸行而爲小利, 以乃至一念而爲大利也。

又「無上功德」者是對有上之言也, 以餘行而爲有上, 以念佛而爲無上也。既以一念爲一無上，當知以十念爲十無上，又以百念爲百無上，又以千念爲千無上，如是展轉，從少至多，念佛恒沙，無上功德，複應恒沙，如是應知。然則諸願求往生之人，何廢無上大利念佛，強修有上小利餘行乎！

대세지보살

제6장 / 영원의 가르침

말법(末法)세상이 되어
일만년이라는 세월이 흐른 다음에 불법이 모두 소멸하여도
다만 염불만은 남는다는 것을 설법한 글.

무량수경의 하권(下卷)에 다음과 같이 설하고 있다.

"이윽고 먼 후세에는 경에 설명되어 있는 대로 불법이 모두 소멸되어 버려도 나는 자비와 측은함을 가지고 이 경만은 백년 동안 이 세상에 남겨 두겠다. 그 시대의 사람들 중에서 이 경의 가르침을 만난 사람들은 자기가 원하는 대로 모두 불도에 들어갈 수 있을 것이다."

《無量壽經》下卷雲：

當來之世，經道滅盡，我以慈悲哀愍，特留此經，止住百歲。其有眾生，值斯經者，隨意所願，皆可得度。

질문함이라.

경에는 '특별히 이 경만을 백년 동안 남겨 놓는다'라고 했을뿐 염불만을 백년 동안 남겨 놓는다고는 하지 않았다.

그런데도 어찌하여 지금 오직 염불만을 남겨 놓는다고 했는가?

대답함이라.

이 경이 설명하려고 했던 것은 오직 염불에 있다. 그 주지(主旨)는 앞에서 말한 대로이기 때문에 재차 말할 필요는 없을 것이다. 선도(善導) 회감(懷感) 혜심(惠心) 승도(僧徒)의 선사(先師)들도 같은 생각이다. 그렇기 때문에 이 경 무량수경을 남겨 놓는다는 것은 바로 염불을 남겨놓는다는 것이다. 그 이유는 이 경에 깨달음을 얻고 싶다는 마음이라는 말이 있는데, 아직 어떠한 상태가 깨달음을 얻고 싶어 하는 마음인가는 설명 되어있지 않다. 또 지계라는 말이 있는데 어떠한 상태가 지계인지도 아직은 설명되어 있지 않다.

그런데 보리심경(菩提心經) 등에는 어떤 상태가 깨달음을 얻고 싶어 하는 마음인지 자세히 설명되어 있다. 만일 이 보리심경이 먼저 소멸되어 버린다면 깨달음을 얻으려는 마음의 수행은 도대체 무엇을 기준으로 하여야만 하는가? 또 지계의 양태를 설명하고 있는 것은 대승 소승의 율장에 많이 있다. 만일 이 율장이 먼저 소멸해 버린다면 지계수행은 도대체 무엇을 기준으로 해야만 하는가?

이 외의 여러 가지 행위들도 마찬가지로 생각할 수 있을 것이다.

그렇기 때문에 선도화상(善導和尙)은 왕생예찬(往生禮讚)에서 이 무량수경의 문장을 다음과 같이 해석하고 있다.

"일만년이 지나 삼보가 소멸한다 하여도 이 무량수경만은 더욱 백년간 남는다. 그때 아미타부처님의 이름을 듣고 한번이라도 염불하면 모두 아미타불의 정토에 태어난다."

이 문장을 해석해 보면 대충 네 가지 의미가 있음을 알 수 있다.

즉 제1은 성도문(聖道門)과 정토문(淨土門)의 두 가지 가르침 중에서 어느 쪽이 먼저 소멸하고 어느 쪽이 나중까지 남는가?

제2는 시방의 불국토와 서방정토의 두 가지 가르침 중에서 어느 쪽이 먼저 소멸하고 어느 쪽이 나중까지 남는가?

제3은 미륵보살의 도솔천(兜率天)과 아미타불의 정토의 두 가지 가르침 중에서 어느 쪽이 먼저 소멸하고 어느 쪽이 나중까지 남는가?

제4는 염불의 일행(一行)과 그 외 다른 많은 제행(諸行)의 수행방법 중 어느 쪽이 먼저 소멸되고 어느 쪽이 나중까지 남는가? 라는 것이다.

먼저 제1의 성도문(聖道門)과 정토문(淨土門)의 두 가지 가르침 중에서 어느 쪽이 먼저 소멸하고 어느 쪽이 나중까지 남는가 하면 성도문에 관한 모든 경이 먼저 소멸한다. 그러므로 경에 설해져 있는 모든 교법(敎法)이 다 소멸해 버린다 해도 정토문을 설한 이 무량수경만 유일하게 남기 때문에 "백년 동안 더 이 세상에 남기겠다"라고 한 것이다. 이것은 성도문은 사람의 소질능력이 가르침의 조건에 맞지 않고 그저 표면적인데 비하여 정토문은 사람의 소질능력이 가르침의 조건에 맞아 깊숙이 침투해 있다는 것을 나타낸다.

제2의 시방의 불국토와 서방정토의 두 가지 가르침 중에서 어느 쪽이 먼저 소멸하고 어느 쪽이 나중까지 남는가를 생각하면 시방의 불국토를 설명한 가르침이 먼저 소멸한다. 그러므로 경전에 설해져 있는 모든 교법이 다 소멸해 버린다고 하는 것이다. 그리고 서방정토의 왕생을 설한 이 무량수경만을 백년 동안 더 이 세상에 남기겠다고 한 것이다. 이것은 시방의 불국토에서는 사람의 소질능력이 가르침의 인연이 되지 않고 단지 표면적인 데 비하여 서방정토는 사람의 소질능력의 인연이 매우 깊다는 것을 나타낸다.

제3의 미륵보살의 도솔천(兜率天)과 아미타불 정토의 두 가지 가르침 중에서 어느 쪽이 먼저 소멸하고 어느 쪽이 나중까지 남는가 하면, 미륵상생경(彌勒上生經)이나 심지관경(心地觀經) 등에 설해져 있는 도솔천에 상생(上生)한다는 여러 가르침이 먼저 소멸한다. 그러므로 경에 설해 있는 불도가 모두 소멸해 버린다고 한 것이다. 그리고 서방정토에 왕생할 것을 설한 이 무량수경만이 남는다. 그래서 백년 동안 더 이 세상에 남기겠다고 한 것이다. 이것은 도솔천은 가깝지만 사람과 접촉할 인연이 빈약하고 극락세계는 멀지만 사람과 접촉할 인연이 아주 깊다는 것을 나타낸다.

제4의 염불과 제행(諸行)의 두 가지 수행 중에 어느 쪽이 먼저 소멸하고 어느 쪽이 나중까지 남는가 하면 제행으로써 왕생할 것을 설한 가르침이 먼저 소멸한다. 그러므로 경에 설해있는 불도가 모두 소멸해버린다고 한 것이다. 그리고 염불로써 왕생할 것을 설한 이 무량수경만이 남는다. 그러므로 백년 동안 더 이 세상에 남기겠다고 하신 것이다. 이것은 다른 제행(諸行)에 의해서 왕생하는 것은 사람의 소질능력이 가르침의 인연이 되지 못하고 그저 표면적인데 비하여 염불로 인하여 왕생하는 것은 사람의 소질능력이 가르침의 인연이 깊다는 것을 의미한다. 그것 뿐 아니라 제행(諸行)에 의해서 왕생하는 것은 사람을 구제할 인연이 적은 것이고 염불로써 왕생하는 것은 사람을 구제할 인연이 많은 것이다. 또 다른 여러 가지 제행(諸行)에 의해서 왕생한다고 해도 기껏해야 말법(末法) 만년(萬年)까지라고 한정되어 있지만 염불에 의해서 서방정토에 극락왕생하는 것은 불법이 소멸하고 난 다음에도 백년 동안 사람들을 구제하게 해주기 때문에 오래도록이라고 할 수 있는 것이다.

私問曰：經唯雲：「特留此經」，止住百歲；全不雲：「特留念佛」，止住百歲，然今何雲特留念佛哉？

答曰：此經所詮，全在念佛，其旨見前，不能再出，善導，懷感、專心等意，亦複如是。然則「此經止住」者，即「念佛止住」也。所以然者，此經雖有菩提心之言，未說菩提心之行相。又雖有持戒之言，未說持戒之行相。說菩提心行相者，廣在菩提心經等，彼經先滅，菩提心之言，何因修之；又說持戒行相者，廣在大小戒律，彼戒律先滅，持戒之行，何因修之。自餘諸行，准是應知。故善導和尚《往生禮贊》釋此文雲：

萬年三寶滅此經住百年爾時聞一念皆當得生彼

又釋此文，略有四意：一者聖道、淨土二教，住滅前後；二者十方、西方二教，住滅前後；三者兜率、西方二教，住滅前後；四者念佛、諸行二行，住滅前後也。

一、聖道、淨土二教，住滅前後者：謂聖道門諸經先滅，故雲經道滅盡；淨土門此經特留，故雲止住百歲也。當知聖道機緣淺薄，淨土機緣深厚也。

二、十方、西方二教，住滅前後者：謂十方淨土往生諸教先滅，故雲經道滅盡；西方淨土往生，此經特留，故雲止住百歲也。當知十方淨土，機緣淺薄；西方淨土，機緣深厚也。

三、兜率、西方二教，住滅前後者：謂《上生》《心地》等上生兜率諸教先滅，故雲經道滅盡；往生西方，此經特留，故雲止住百歲也。當知兜率，雖近緣淺；極樂雖遠緣深也。

四、念佛、諸行二行，住滅前後者；謂諸行往生，諸教先滅，故雲經道滅盡；念佛往生，此經特留，故雲止住百歲也。

當知諸行往生，機緣最淺；念佛往生，機緣甚深也。加之諸行往生緣少，念佛往生緣多；又諸行往生，近局末法萬年之時；念佛往生，遠沾法滅百歲之代也。

꿈속에서 선도대사의 가르침을 받는 법연상인.

질문함이라.

이미 말한 것처럼 무량수경에서 "나는 자비와 연민(憐愍)으로 이 경만은 앞으로 백년 동안 더 이 세상에 남겨 놓겠다"고 하셨다. 만일 석존께서 대자비심(大慈悲心)으로 경이나 가르침을 남겨 놓으셨다면 다른 경이나 가르침을 남겨놓아도 좋았을 것인데 어째서 다른 경은 남겨놓지 않고 오직 이 무량수경만을 남겨 놓았는가?

대답함이라.

만일 다른 어떤 경을 남겨 놓는다 해도 특별하게 하나의 경만을 남겨 놓는다면 똑같은 비난을 받을 것이다. 그러나 단 하나 특별히 이 무량수경을 남겨 놓으신 것은 선도화상의 생각에 의하면 이 경 무량수경 속에는 중생이 염불하면 서방정토에 왕생할 수 있다는 아미타불의 본원이 이미 설명되어 있다. 석존의 대자비(大慈悲)는 이 염불을 남겨놓기 위해서 더욱 이 경 무량수경을 남겨 놓으신 것이다. 다른 경전들 속에는 중생이 염불하면 왕생할 수 있다는 아미타불의 본원이 아직 설해져 있지 않다. 그렇기 때문에 석존의 자비는 그러한 경들을 남겨놓지 않으셨던 것이다.

생각하건데 48원은 모두 본원이지만 특히 염불을 왕생의 최고가는 규범으로 한다. 그렇기 때문에 선도화상의 주석서인 법사찬(法事讚)에서는 다음과 같이 노래하고 있다.

"큰 서원은 많아서 그 류(類)가 48원에 이르지만 오직 일심으로 간절하게 염불만 한다면 아미타부처님은 그 사람을 더욱 사랑하시네. 중생이 항상 입으로 아미타불을 부르면 아미타부처님은 이에 그 목소리를 들어주시고, 중생이 몸으로 항상 아미타불께 예배하면 아미타부처님은 이를 보아주시네. 중생이 항상 마음으로 아미타불을 생각하면 아미타부처님은 이를 알아주시고, 중생이 아미타불을 기억하면 아미타부처님도 이를 기억해주시네. 이렇게 아미타부처님과 나는 항상 떨어져 있지 않으니 아미타불과 나는 참으로 가까운 인연일세."

이와 같이 염불왕생원(念佛往生願)을 48원 중에서 가장 으뜸으로 하고 있는 이유를 알 수 있을 것이다. 이러한 이유로 석존의 자비가 이 무량수경만을 백년 동안 더 이 세상에 남겨두시려고 하셨던 것이다. 예를 들면 이 관무량수경에서 정선(定善) 산선(散善)의 행을 설명하면서도 아난에게 이것을 잘 지켜 후세에 전하라고 하지 않고 오직 염불만을 후세까지 전할 것을 당부한 것이다. 즉 이것은 아미타불의 본원에 따르는 것이기 때문에 염불 일행(一行)만을 잘 지켜 전하도록 하셨던 것이다.

問曰：既雲「我以慈悲哀湣, 特留此經, 止住百歲。」若爾者釋尊以慈悲而留經教, 何經何教而不留也? 而不留餘經, 唯留此經乎?

答曰：縱令留何經, 別指一經, 則亦不避此難, 但特留此經, 有甚深意歟！若依善導和尚意者, 此經之中, 已說彌陀如來念佛往生本願, 釋迦慈悲, 爲留念佛, 特留此經。餘經之中, 未說彌陀如來念佛往生本願, 故釋尊慈悲而不留之也。凡四十八願皆雖本願, 殊以「念佛爲往生規」。故善導釋雲：

弘誓多門四十八偏標念佛最爲親人能念佛佛還念專心想佛佛知人

故知四十八願中, 既以念佛往生願而爲「本願中王」也。是以釋迦慈悲, 特以此經止住百歲也。例如彼《觀無量壽經》中, 不付囑定散之行, 唯獨付囑念佛之行；是即順彼佛, 故付囑念佛之行也。

질문함이라.

앞으로 백년간 더 이 세상에 염불을 남겨두신 의미는 잘 알았다. 그런데 이 염불의 행은 단지 말법(末法)의 만년이 지난 뒤 백년 동안의 사람들만이 받을 수 있는가? 아니면 정법(正法) 상법(像法) 말법(末法)시대의 사람들에게도 해당되는가?

대답함이라.

말할 것도 없이 정법(正法) 상법(像法) 말법(末法)의 어느 시대의 사람들에게도 해당된다. 말법시대가 지나도 이익이 있다는 것을 분명히 하여 말법시대인 오늘날의 사람들에게 염불을 권장하기 위해서 말세가 지난 뒤 더욱 백년간이라고 설법한 것이다.

問曰：百歲之間，特留念佛，其理可然。此念佛行，唯爲被彼時機，將爲通於正、像、末法之機也。

答曰：可廣通於正、像、末法，舉後勸今，其義應知。

대세지보살

제 7 장

구제의 빛

아미타부처님의 광명은 다른 행을 하는 자를 비춰주지 않고
오직 염불하는 자만을 비추어
가지(加持)하여 섭취(攝取)하신다는 것을 설한 글.

석가모니부처님께서 관무량수경에 다음과 같이 설하고 있다.

"무량수불(無量壽佛)은 팔만사천이나 되는 훌륭한 상호(相好)를 갖추고 있다. 그 하나하나의 모습에는 팔만사천의 특징이 각각 섬세하게 갖추어져 있는데 그 섬세한 특징에도 역시 팔만사천의 광명이 있다. 그 하나하나의 광명은 골고루 시방세계를 두루 비추어 염불하고 있는 중생을 그 광명 속으로 섭취(攝取)하고 계시는데, 단 한사람도 빠지는 일이 없다."

관경소(觀經疏) 정선의(定善義)에서는 위의 글에 대해서 다음과 같이 설명하고 있다. 무량수불에서부터 섭취불사(攝取不捨)에 이르기까지는 부처님의 몸에 갖추어진 훌륭한 특징을 관찰해서 그 속에 있는 광명이 염불하는 사람을 비추어 이익을 전해 준다는 것을 밝힌 것이다.

그것은 다섯 가지의 의미가 있는데,

❶첫째 바르고 아름다운 상호의 특징적인 수(數)를 밝혔고,

❷둘째 각 부분의 섬세하고 훌륭한 특징의 수를 밝혔고,

❸셋째 상호에서 빛나는 광명의 수를 밝혔으며,

❹넷째 신상(身相)의 광명이 어디까지 비추는가를 밝혔고,

❺다섯째 신상의 광명이 미치는 곳에서는 염불하는 모든 사람이 광명에 섭취(攝取)되어 이익을 받음을 밝혔다.

《觀無量壽經》雲：無量壽佛有八萬四千相，一一相中各有八萬四千隨形好，一一好中複有八萬四千光明，一一光明遍照，十方世界，念佛眾生，攝取不舍。

同經《疏》雲：從無量壽佛，下至攝取不舍以來。正明觀身別相，光益有緣，即有其五：一明相多少，二明相好多少，三明光多少，四明光照遠近，五明光所及處，偏蒙攝益。

질문함이라.

그런데 앞에서는 열심히 많은 선행을 쌓아 정토에 회향하면 누구라도 왕생할 수 있다고 했는데 시방세계를 골고루 비추는 아미타부처님의 광명이 어찌하여 염불하는 자만을 비추어 주시는가?

대답함이라.

여기에는 세 가지 의미가 있다.

❶첫째 친한 인연의 관계다. 사람들이 염불의 행을 시작하여 입으로 항상 아미타를 부르면 부처님은 이를 들어 주시고, 몸으로 항상 아미타부처님께 예배하면 부처님은 이를 봐주시며, 마음으로 항상 아미타부처님을 생각하면 부처님은 이를 알게 되시며, 사람들이 아미타부처님을 항상 억념(憶念)하면 부처님도 이를 항상 억념(憶念)해 주신다. 이렇게 사람과 부처님이 몸과 입과 마음의 행위가 항상 밀접하고 친한 관계에 있기 때문에 친연(親緣)이라고 한다.

❷둘째 가까운 인연[近緣]의 관계다. 사람들이 아미타부처님을 만나고 싶어 하면 부처님은 그 생각에 응하여 눈앞에 나타나 주신다. 이렇게 아주 가까운 관계에 있기 때문에 근연(近緣)이라고 한다.

❸셋째 힘을 도와 받는 인연[增上緣]의 관계다. 사람들이 아미타부처님을 부르면 즉시 다생(多生)의 생사 중죄가 소멸되고 임종을 맞이하였을 때는 아미타부처님이 정토의 모든 성인들과 함께 손수 마중 나와 주신다. 거기에는 방황하는 어둠의 세계에 붙들어 매는 어떤 나쁜 것도 그것을 방해할 수 없다. 이와 같이 정토에 왕생할 수 있도록 좋은 힘을 조장(助長) 진전시켜주는 관계에 있기 때문에 증상연(增上緣)이라고 하는 것이다.

이것 저것 많은 중행(衆行)들도 선(善)이라고 말할 수 있지만 만일 염불과 비교한다면 그것은 도저히 염불과 상대가 안 된다. 그러므로 많은 경 속에 널리 염불의 수승(殊勝)함을 찬탄하고 있는 것이다.

예를 들면 무량수경의 48원 중에 "오로지 한마음으로 아미타불의 이름을 부르면 왕생할 수 있다"라고 설해져 있다. 또 아미타경(阿彌陀經) 속에는 "하루 또는 칠일(七日) 동안 오로지 아미타불의 이름을 부르면 왕생할 수 있다"라고 했으며, 또 "갠지스 강변에 있는 수많은 모래알처럼 많은 시방의 부처님들이 염불하면 틀림없이 왕생한다는 것을 증명하고 계신다"라고 설해져 있다. 또 관무량수경에는 잡념을 버리고 조용한 마음으로 오직 정토에 마음을 집중시키는 정선(定善)과 산란한 마음 그대로 수행하는 산선(散善)을 설법하셨다. 그러나 그것을 설법하신 참된 이유는 오직 한마음으로 염불하면 왕생할 수 있음을 나타내고 있다.

이러한 예는 이외도 많이 있다. 또 관념법문(觀念法門)에서도 다음과 같이 말하고 있다.

"아미타부처님의 모습에서 나오는 빛나는 광명은 그 하나하나가 시방세계를 골고루 비추고 있지만 만일 열심히 염불하고 있는 사람이 있다면 아미타불의 심광(心光)은 항상 이 사람들을 비추고 지켜주어 버리는 일이 없다."

그 외 잡행(雜行) 잡업(雜業)을 수행하는 자를 비춰주시는지 어떤지는 논하지 않으셨다.

問曰：備修眾行，但能回向皆得往生，何以佛光普照，唯攝念佛者，有何意也？

答曰：此有三義：

一明親緣：眾生起行，口常稱佛，佛即聞之；身常禮敬佛，佛即見之；心常念佛，佛即知之；眾生憶念佛者，佛亦憶念眾生。彼此三業不相舍離，故名親緣也。

二明近緣：眾生願見佛，佛即應念，現在目前，故名近緣也。

二明增上緣：眾生稱念，即除多劫罪，命欲終時，佛與聖眾，自來迎接。諸邪業系，無能礙者，故名增上緣也。

自餘眾行，雖名是善，若比念佛者，全非比校也。是故諸經中，處處廣贊，念佛功能，如《無量壽經》四十八願中，唯明專念彌陀名號得生。又如《彌陀經》中，一日七日，專念彌陀名號得生，又十方恒沙諸佛證誠不虛也。又此經定散文中，唯標專念名號得生，此例非一也。廣顯念佛三昧竟。

《觀念法門》雲：又如前身相等光，一一遍照十方世界。但有專念阿彌陀佛眾生，彼佛心光，常照是人，攝護不舍，總不論照攝餘雜業行者。

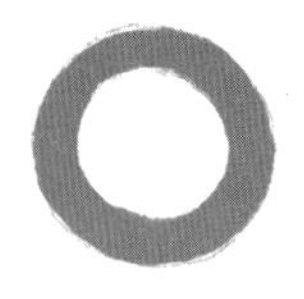

질문함이라.

아미타부처님의 광명이 오로지 염불하는 자만을 비추어 주시고 다른 행을 실천하는 자는 비춰주시지 않는 것은 무슨 의미인가?

대답함이라.

조용히 생각해 보면 거기에는 두 가지 의미가 있다.

하나는 친연(親緣) 등의 세 가지 의미인데 이것은 앞에서 말한 관경소(觀經疏)에서 적혀있는 대로이다.

또 하나는 본원의 의미다. 염불이 아닌 다른 수행은 본원이 아니다. 그러므로 그 사람을 비춰주지 않는 것이다. 염불은 본원이기 때문에 비춰주시는 것이다. 이러한 이유로 선도화상의 왕생예찬(往生禮讚)에서는 다음과 같이 노래하고 있다.

"아미타불의 색신(色身)은 황금(黃金)의 금산(金山)과도 같고 맑고 깨끗한 자비의 광명은 시방세계를 두루 비추네. 그러나 염불하는 자에게만 오직 미타(彌陀)의 금색 광명이 빛나네. 염불을 더욱 많이 하면 더욱 더 밝게 빛나리."

또 관경소(觀經疏) 정선의(定善義)의 그 외 여러 중행(衆行)들도 선(善)이라고 불려지고 있지만 염불과 비교한다면 전혀 상대가 안 된다는 의미는 정토문의 많은 제행(諸行) 가운데 비교한 것이지만 염불은 이미 이백십억(二百十億)이나 되는 불국토에서 선택한 묘행(妙行)이다. 다른 제행(諸行)은 이미 이백십억이나 되는 여러 불국토 중에서 버려진 조잡한 행이다. 그러므로 전혀 비교할 상대가 안 되는 것이다. 염불은 본원의 실천행이며 다른 제행(諸行)은 본원이 아니기 때문이다. 그래서 전혀 비교할 상대가 못 된다는 것이다.

私問曰：佛光明「唯照念佛」者,「不照餘行」者, 有何意乎?

答曰：解有二義, 一者親緣等三義如文。二者「本願義」：謂餘行非本願, 故不照攝之, 念佛是本願, 故照攝之。故善導和尚《六時禮贊》雲：

彌陀身色如金山相好光明照十方唯有念佛蒙光攝當知本願最爲強

又所引文中言：「自餘衆善雖名是善, 若比念佛者全非比校也」

者，意雲是約淨土門諸行而所以比論也。念佛是既二百一十億中所選取妙行也，諸行是既二百一十億中所選舍粗行也，故雲全非比校也；又念佛是本願行，諸行非本願，故雲全非比校也。

대세지보살

제 8 장

지성심 · 심심(深心) · 회향발원심

염불을 행하는 자는
반드시 삼심(三心)을 갖추어야 함을 설한 글.

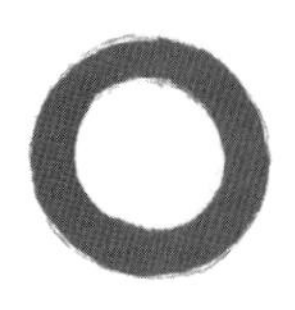

관무량수경에서 다음과 같이 설하고 있다.

"만일 사람들이 아미타불의 정토에 태어나기를 원한다면 삼심(三心)을 갖추는 것이 좋다. 그러면 곧 바로 서방정토 극락세계에 왕생할 수 있다."

그럼 무엇을 삼종(三種)의 마음이라고 하는가?

❶첫째는 지성심(至誠心)이요,

❷둘째는 심심(深心)이요,

❸셋째는 회향발원심(回向發願心)이다.

관경소(觀經疏) 산선의(散善義)에서 설하기를, 첫째 지성심(至誠心)인데 지(至)라는 것은 질(質)이고 성(誠)이라는 것은 실이다.(즉 진실심眞實心의 의미) 누구라도 몸과 입과 마음의 행동에 의해서 도리를 배우거나 실천할 때는 반드시 진실심(眞實心) 속에서 수행하지 않으면 안 된다는 것을 분명하게 밝히고 있다. 표면으로는 현명하고 착한 사람처럼 행동하며 열심히 노력하고 있는 것처럼 보여도 그 내면은 어리석고 태만한 거짓 마음을 품어서는 안 된다.

탐욕과 분노, 부정과 어리석음, 악담과 거짓말 등의 수많은 나쁜 마음이 있다. 그것은 마치 독을 품은 독뱀이나 전갈처럼 마음이 독하고 비뚤어져 있기 때문에 다른 사람을 해친다. 그러므로 이러한 비뚤어진 몸과 마음의 자세로 수행을 해도 그것은 표면만 그럴듯한 잡독의 선(善)이라고 불리며 거짓의 행위요 진실한 수행이라고 볼 수 없는 것이다. 만일 이런 상태로 겉으로만 왕생을 원하며 행동하는 자는 아무리 몸과 마음을 각고정진(刻苦精進)하여 머리에 붙은 불을 끄듯 밤낮 없이 부산스럽게 뛰어다니며 수행한다 하여도 이는 역시 잡독의 선(善)이라고 불리는 더러워진 행위에 불과한 것이다.

이 잡독의 선(善)을 가지고 아미타불의 정토에 왕생하기를 원한다 해도 왕생할 수 없다. 왜냐하면 아미타불께서 과거 인행시(因行時) 법장보살로서 부처가 되기 위하여 수행을 하고 있었을 때는 비록 일념(一念) 일찰나(一刹那)와 같이 짧은 시간이라 할지라도 몸으로 행하는 것과 입으로 말하고 마음으로 행하는 것이 모두 진실심(眞實心)에서 우러나온 것이었기 때문이다. 맨 처음 부처님께서 중생을 인도하고 제도하려고 할 때도 진리를 터득하려고 할 때도 모두 진실심(眞實心) 그것이었기 때문이다.

또 진실심에는 두 가지가 있다. 하나는 자리(自利)의 진실이고 또 하나는 이타(利他)의 진실이다. 자리(自利)의 진실에도 역시 두 가지가 있다. 하나는 진실심 속에서 자기의 악(惡)은 물론 타인의 악

(惡)까지 물리치고 더러움으로 꽉 찬 속된 세계를 억제하고 이것을 싫어해 버리는 것이다. 그래서 일상생활의 행주좌와(行住坐臥) 속에서 항상 보살이 모든 악을 싫어하고 버릴 수 있었던 것처럼 나 역시 그렇게 악을 싫어하고 버리는 것이다. 또 하나는 진실한 마음으로 나쁜 일을 하지 않을 뿐 아니라 자기 스스로 선(善)을 행하며 타인의 착한 행위도 함께 기뻐하고 훌륭한 사람들이 행하신 선을 모두 실행하려고 열심히 노력하는 것이다.

입으로는 항상 진실하게 아미타불 및 불신(佛身)과 불국을 찬탄한다. 그리고 또 삼계(三界)를 헤매는 자타(自他)의 업보로써 얻은 이 몸이나 그 환경의 괴로움이나 악사(惡事)를 진심으로 싫어한다. 또 모든 사람들의 몸과 입과 마음의 활동에서 나온 선행을 진심으로 찬탄한다. 만일 좋은 행동이 아니면 멀리 피하고 그것을 기뻐하지 않는다. 진실한 마음에서 우러나오는 몸의 자세로 아미타불과 그 정토에 두 손을 모아 합장 예배하며 음식과 의복, 침구(寢具), 탕약(湯藥), 아름다운 꽃 등을 공양한다. 또 진실한 마음으로 행하는 몸가짐은 이 번뇌의 세계에서 자타의 업보로써 얻은 이 몸이나 그 환경을 진심으로 싫어하며 아낌없이 버린다.

또 진실심(眞實心)으로 행하는 마음의 자세는 아미타불 및 그 불국을 사모하고 관찰 억념(憶念)하여 눈앞에 나타나도록 한다. 그리고 진실한 마음으로 이 번뇌의 세계에서 자타(自他)의 업보로서 얻은 이 몸이나 그 환경을 진심으로 싫어하고 버리려고 한다. 몸과 입과 마음으로 신구의(身口意) 삼업(三業)의 좋지 않은 일을 했다면 반드시 진실심(眞實心)으로 그것을 버리지 않으면 안 된다. 그리고 만일 몸과 입과 마음으로 좋은 일을 했다면 반드시 그것은 진실심 바로 그것이 아니면 안 된다.

결국 마음의 겉과 속의 모습이, 그리고 사람이 보고 있는 곳에서나 보고 있지 않는 곳에서나 항상 겉과 속이 똑같은 진실함이 아니면 안 된다. 그렇기 때문에 이것을 지성심(至誠心)이라고 하는 것이다.

제2는 심심(深心)이다.

심심(深心)이란 깊게 믿는 마음이다. 이것에도 역시 두 가지가 있다.

하나는 결정코 자신은 지금 현재 죄악이 매우 무거운 범부 중생으로서 광겁(曠劫)으로부터 오늘에 이르도록 항상 번뇌의 세계에 유전(流轉)하고 침륜(沈淪)하여 생사의 길을 도저히 뛰어넘을 수가 없음을 깊이 믿음이다.(근기根機의 반성)

또 하나는 결정코 아미타불은 48원을 세우시고 모든 중생을 구제하고 계신다. 이것을 조금도 의심하지 않고 아미타불의 본원력(本願力)에 이 몸을 맡기면 반드시 왕생할 수 있음을 스스로 깊이 믿는 마음이다.(법法의 자각自覺)

또 석존은 관무량수경에서 삼복(三福) 구품(九品) 정산(定散) 이선(二善)을 설하시고 아미타불의 불신(佛身)과 불국토를 찬탄하시고 아미타 불국토에 태어나기를 발원하는 사람은 마음으로 기뻐하고 사모하며 기쁜 마음으로 염불하는 사람으로 털끝만큼도 의심하는 일이 없이 깊이 믿어야 한다고 말씀하셨다.

또 아미타경(阿彌陀經)에서는 시방세계에 편재하는 갠지스 강의 모래알 만큼이나 많은 부처님이 모든 범부 중생은 아미타불의 명호를 받아 부른다면 반드시 정토에 왕생할 수 있다는 것을 증명하고 진심으로 권하고 있다는 것을 의심하지 않고 깊이 믿는 것이다.

또 깊이 믿는 마음[深心]이라고 하는 것은 삼가 원하옵건대 일체의 수행자들은 일심으로 오직 부처님의 말씀을 믿고 신명(身命)을 돌아보는 일이 없이 결정된 굳건한 마음으로 모든 것을 아미타 부처님께 맡겨버리고 오직 염불하라고 하신 말씀과 같이 부처님의 말씀을 깊이 믿고 모든 것을 아미타부처님께 맡겨버리는 마음이다. 또 부처님께서 버리신 법은 그대로 따라서 버리고 부처님께서 실천하신 법은 그대로 따라 실천하라. 또 부처님께서 떠나신 이 사바세계의 예토(穢土)는 그와 같이 피하여 떠나가라. 이와 같이 행동함이 부처님의 가르침을 진실로 따르는 길이요, 부처님의 가르침에 의지하는 길이며 부처님의 의사에 따르는 길이요, 부처님의 뜻에 의지함이니라. 이와 같이 실천함이 곧 부처님의 서원에 따름이요 부처님에 의지하는 일이라고 말할 수 있는 것이다. 이와 같이 실천하는 사람을 진실한 부처님의 제자라고 말할 수 있는 것이다.

또 아미타부처님의 정토에 태어나기를 발원하는 모든 사람들은 오직 이 경전(정토삼부경淨土三部經)에 의지하여 모든 것을 맡기고 깊이 믿어 행한다면 반드시 부처님은 사람들을 잘못 인도하는 일이 결코 없느니라. 왜냐하면 부처님은 자비와 지혜가 원만(圓滿) 구족하신 분이기 때문에 항상 진실한 말씀만 하시기 때문이다. 부처님이 아닌 이하의 보살들은 그 지혜와 수행이 아직 완성되지 못했고 닦아야 할 수행의 지위에 있어서도 번뇌의 근본과 본체가 아직 없어지지 않아 번뇌의 습관과 같은 것이 아직 제거되지 않았다. 또 부처가 될 만한 결과로서의 본원도 아직 원만하게 이루어지지 않았다. 이러한 수행의 여러 가지 단계에 있는 성자들은 예를 들어 많은 부처님들의 가르침에 본의를 추측해 본다 하여도 확실한 진리는 이것이다 라고 결단을 내리기에는 아직 부족함이 있다고 할 수 있다.

설사 부처님의 본의를 분명하게 스스로 판단할 수 있다고 하여도 반드시 부처님께 증명을 청하여 다시 한번 결정하지 않으면 안 된다. 만약 그 추측이 부처님의 본의에 들어맞는다면 부처님께서는 이를 인가(印可)하여 "선재(善哉)라, 그것은 참으로 옳은 일이로다"라고 말씀하신다. 만약 부처님의 본의에 맞지 않았을 때는 부처님께서는 "너희들이 설한 것은 맞지 않다"라고 말씀하신다.

부처님께서 인가를 하지 않은 법은 무의미한 것으로 사람에게 아무 이익이 없는 말과 같은 것이다. 부처님께서 인가하신 것은 그대로 부처님의 바른 가르침과 똑같은 것이다. 그러므로 부처님께서 하신 모든 말씀은 그대로 바른 가르침, 바른 도리, 바른 행위, 바른 수행, 바른 활동, 바른 지혜인 것이다.

부처님께서 설한 말씀은 때로는 많거나 때로는 적다 하더라도 모든 보살들과 신(神)들 그리고 인간에게 그것을 물어서 낱낱이 시비(是非)를 가릴 성질이 아니다. 그러므로 부처님께서 하신 말씀은 그대로 완전한 가르침이 되는 것이다. 그러나 보살들이 설한 가르침은 모두 불완전한 가르침이라고 부른다. 이것을 잘 이해하여야 한다.

그렇기 때문에 현재 일체의 인연이 있어 왕생을 발원하는 사람들은 오직 깊이 부처님의 말씀만을 믿고 오로지 일심(一心)으로 아미타부처님의 명호를 부르라고 간절히 권하고 있는 것이다. 보살들이 설한 불상응(不相應)의 가르침을 신용하여 오히려 의혹과 장애를 일으켜 스스로 나아감에 갈팡질팡 망설이게 되어 왕생의 큰 이익을 잃어버려서는 안 될 것이다.

또 심심(深心)이란 깊이 믿는 마음으로 이것은 자기의 신념을 결연히 확립하여 부처님의 가르침을 따라 수행하고 그것에 대한 의혹을 영원히 없애버리고 자기와 달리 다른 교리를 이해하고 있는 사람, 다른 교리를 실천하고 있는 사람, 또는 다른 사상 다른 학설 다른 견해에 집착하고 있는 사람들 때문에 미혹하여 동요하고 움직여서는 안 된다.

《觀無量壽經》雲：若有衆生，願生彼國者，發三種心，即便往生，何等爲三：

一者至誠心，二者深心，三者回向發願心；具三心者，必生彼國。

同經《疏》雲：《經》雲：

一者至誠心：「至」者真，「誠」者實。欲明一切衆生，身口意業，所修解行，必須真心中作，不得外現賢善精進之相，內懷虛假。貪嗔邪僞，奸詐百端，惡性難侵，事同蛇蠍，雖起三業，名爲雜毒之善，亦名虛假之行，不名真實業也。若作如此安心起行者，縱使苦勵身心，日夜十二時，急走急作，如炙頭燃者，衆名雜毒之善。欲回此雜毒之行，求生彼佛淨土者，此必不可也。何以故？正由彼阿彌陀佛，因中行菩薩行時，乃至一念一刹那，三業所修，皆是真實心中作，凡所施爲趣求，亦皆真實。

又真實有二種：一者自利真實，二者利他真實。

言自利真實者複有二種：

一者真實心中，制舍自他諸惡及穢國等，行住坐臥想同一切菩薩制舍諸惡，我亦如是也。

二者真實心中，勤修自他凡聖等善，真實心中，口業贊歎彼阿彌陀佛，及依正二報。

又真實心中，口業毀厭三界六道，自他依正二報苦惡之事；亦贊歎一切衆生，三業所爲善，若非善業者，敬而遠之，亦不隨喜也。

又真實心中，身業合掌禮敬，四事等供養彼阿彌陀佛，及依正二報。

又真實心中，身業輕慢厭舍此生死三界等，自他依正二報。

又真實心中，意業思想觀察憶念彼阿彌陀佛，及依正二報，如現目前。

又真實心中，意業輕賤厭舍此生死三界等，自他依正二報。

不善三業，必須真實心中舍，又若起善三業者，必須真實心中作。不簡內外明暗，皆須真實，故名至誠心。

二者深心：言「深心」者，即「深信之心」也。亦有二種：一者決定深信：自身現是罪惡生死凡夫，曠劫已來常沒常流轉，無有出離之緣；

二者決定深信：彼阿彌陀佛，四十八願，攝受眾生，無疑無慮，乘彼願力，定得往生。

又決定深信：釋迦佛說此《觀經》三福九品、定散二善，證贊彼佛依正二報使人欣慕。

又決定深信：《彌陀經》中十方恒沙諸佛證勸，一切凡夫，決定得生。

又深信者，仰願一切行者等，一心唯信佛語，不顧身命，決定依行。佛遣舍者即舍，佛遣行者即行，佛遣去處即去，是名隨順佛教、隨順佛意，是名隨順佛願，是名真佛弟子。

又一切行者，但能依此《經》深信行者，必不誤衆生也。何以故？佛是滿足大悲人故，實語故；除佛已還，智行未滿，在其學地，由有正習二障未除，果願未圓，此等凡聖，縱使測量諸佛教意，未能決了；雖有平章，要須請諸佛爲定也。若稱佛意即印可言：如是！若不可佛意，即言：汝等所說，是義不如是！不印者即同無記、無利、無益之語。佛印可者，即隨順佛之正教。若佛所有言說即是正教、正義、正行、正解、正智。若多若少，衆不問菩薩人天等定其是非也。若佛所說即是了教，菩薩等說盡名不了教也。應知。

是故今時仰勸一切有緣往生人等，唯可深信佛語，專注奉行；不可信用菩薩等不相應教，以爲疑礙，抱憾自迷，廢失往生之大益也。

又深信者，決定建立自心，順教修行，永除疑錯，不爲一切別解、別行、異學、異見、異執之所退失傾動也。

질문함이라.

범부라고 하는 것은 지혜가 얕고 또 장애가 의외로 깊다. 만약 부처님의 가르침과 달리 수행하고 있는 사람이 있어 많은 경론을 인용하며 일체의 죄장(罪障)이 깊은 범부는 절대로 왕생할 수 없다고 증명하여 훼방하고 비난하는 사람을 만나게 된다면, 어떻게 그 비난을 타파하고 신심을 견고하게 하여 퇴보하는 마음을 일으키지 않고 결연히 똑바로 나아갈 수 있겠는가?

대답함이라.

만약 그렇게 많은 경론을 인용하여 왕생할 수 없다고 증명한다면 정업(淨業)을 닦는 염불행자는 즉시 다음과 같이 대답하면 좋을 것이다.

"당신이 경론을 인용하여 왕생할 수 없다고 말하지만 내 마음의 상태는 확고하여 당신의 주장에 흔들리지 않는다. 왜냐하면 나도 또한 많은 경론에서 인용된 말씀을 하나하나 전부 공손히 믿고 있다.

석존이 그러한 경을 설하게 된 때는 때와 장소에 따라 듣는 사람의 소질과 능력도 다르고 그에 따라 얻는 이익도 다르다. 또 그러한 경을 설하게 된 때는 무량수경, 아미타경 등을 설할 때와는 다르다. 또 석존은 법을 설할 때 듣는 사람의 소질과 능력에 맞추어 설법하고 또 설함에 있어서 시기도 다르다. 인용한 경은 인간 또는 신, 보살들에게 공통되는 교리와 그 실천방법을 설한 것이나, 지금 여기서 문제로 하고 있는 관무량수경은 위제희부인(韋提希婦人)을 위하여 정선(定善)과 산선(散善)의 법을 설하고, 또 석존이 멸한 후 오탁악세의 시대에 오고(五苦) 등의 괴로움에 시달리는 일체 범부

중생을 위하여 왕생할 수 있다고 증명하신 것이다. 이러한 인연 때문에 나는 지금 오직 일심(一心)으로 부처님의 가르침에 일체를 다 맡기고 확고한 신념으로 염불하고 있다.

설령 "그대들과 같은 사람들이 수없이 많아 왕생할 수 없다고 말할지라도 오히려 나는 왕생을 발원하고 있는 나의 신심을 더욱 증진시켜 반드시 왕생을 성취할 것이다"라고 말하는 것이 좋을 것이다. 또 염불하는 행자는 더욱 그 사람에게 다음과 같이 말하는 것이 좋을 것이다.

그대들은 잘 듣는 것이 좋다. 나는 지금 그대들 때문에 더욱 확고한 신심을 설하리라. 설사 퇴보하지 않는 경지에 들어 있는 자, 또는 미완성의 보살, 아라한(阿羅漢) 벽지불(辟支佛) 등의 경지에 있는 자, 또는 한 사람, 또는 많은 사람들, 나아가 시방세계에 가득 차 있어 모든 경론을 인용하여 왕생할 수 없다고 증명한다고 하여도 나는 조금도 의심하는 마음을 일으키는 일은 없다. 오히려 나의 맑은 신심을 더욱 증진시키는 일이 되어 반드시 왕생을 성취시킬 것이다. 왜냐하면 부처님의 말씀은 변할 수 없는 완전무결한 도리를 설한 것으로 이 세상 어떤 것에도 부서지는 일이 없기 때문이다.

또 염불행자는 다음과 같은 것을 잘 들어야 한다. 만일 앞에서 말한 경지보다 훨씬 더 나은 방황이 없는 단계에 도달한 보살로서 그 제1단계로부터 최고인 제10단계에 이르는 분들까지도 모두 이

구동성으로 석존은 아미타불을 칭찬하시며 방황의 세계인 삼계(三界) 육도(六道)를 뛰어넘고 더욱 사람들에게 염불할 것을 권하며 또 한층 다른 선행을 많이 쌓으면 그 사람은 반드시 아미타불의 정토에 태어날 수 있다고 하는 것은 거짓말이다. 따라서 믿을 필요가 없다고 하여도 나는 역시 조금도 의심하지 않는다. 오히려 나의 확고한 신심을 더 깊게 하여 반드시 나의 발원을 이루고야 말 것이다. 왜냐하면 부처님의 말씀은 진실하고 변화하지 않는 도리를 말씀하신 가르침이기 때문이다.

그리고 부처님은 모든 도리를 있는 그대로 알고 이해하며, 있는 그대로를 보며 있는 그대로를 터득하신, 의심스러운 마음으로 말씀하신 것이 아니기 때문이다. 그러므로 보살들의 다른 견해, 다른 체득으로 인하여 부처님의 말씀이 무너지는 일이 없다. 만일 진실된 보살이라면 부처님의 가르침과 다른 말씀을 하실 리가 없다고 대답하여라. 그리고 다음 사항을 어떻게 이해해야 되는지 염불행자는 잘 알아야만 한다. 만일 이 세상에 일시적으로 모습을 나타내신 부처님이나 서원을 이루신 모든 부처님들이 한 사람이든 혹은 시방세계를 꽉 채울 만큼 많은 사람들이든 간에, 그분들이 각각 밝은 광명을 내시어 진실된 것을 약속하시고 그 모두가 입을 모아 석존이 아미타불을 칭송하시며 모든 죄 많은 범부에게 열심히 염불하고 그밖에 또 좋은 선행을 쌓는다면 그것으로 아미타불의 정토에 태어날 수 있다는 원을 설하고는 계시지만, 이것은 모두 거짓말이다. 결코 그런 일은 없을 것이라 하셨다고 하자. 그때 나는 이를 많은 부처님들이 설하신 것을 들었지만 아주 짧은 한 순간이라도 의심하는 마음으로 '아미타불의 정토에 태어날 수 없는 것은 아닌가' 하고 의심하거나 두려워하지 않는다. 왜냐하면 하나의 부처는 그대로 모든 부처이다. 모든 부처님의 생각, 이해, 실천, 깨달음, 수행으로써 얻은 불과(佛果)인 대비(大悲)는 모든 부처님들이 똑같아서 조금도 구별이 없기 때문이다.

그러므로 한 사람의 부처님이 해서는 안 된다고 제지하신 것은 역시 모든 부처님도 제지하셨다. 예를 들어 앞에 나오신 부처님이 살생 등의 십악(十惡)을 해서는 안 된다고 제지하셨다면 무슨 일이 있어도 그것을 어기지 않는 것이 십선(十善) 십행(十行)을 행하는 것으로 육도(六道)를 따라 걷는 자라는 의미가 되는데, 어째서 나중에 나오신 부처가 앞의 부처가 설하신 십선을 그 만두고 십악을 행하게 할 것인가. 그런 일은 결코 없는 것이다. 이 도리로써 추측해 본다면 모든 부처님의 언행은 서로 다르지 않음을 확실히 알 수 있을 것이다.

가령 석존이 모든 범부에게 목숨이 있는 한 열심히 염불하면 반드시 아미타부처님의 정토에 태어날 수 있다고 말씀하셨다면 또한 시방세계에 계시는 많은 부처님들도 모두 똑같이 칭송하시며 이것을 전하시고 증명하신다. 왜냐하면 부처님은 사람들의 괴로움을 자신의 괴로움으로 동조하는 동체대비이시기 때문이다. 한 부처님의 교화는 그대로 모든 부처님의 교화이며, 모든 부처님의 교화는 실로 한 부처님의 교화인 것이다. 즉 지금 말한 것에 대해서 그 증거를 경에서 찾아본다면 아미타경에는 석존이 아름답게 장엄되어 있는 극락세계를 칭찬하셨다. 또 "모든 범부는 하루 혹은 칠일 동안 정성을 다하여 열심히 아미타불의 명호를 부르면 반드시 정토에 왕생할 수가 있다"고 하셨다. 또 석존은 더러움으로 꽉 찬 오탁악세의 시대에 즉, 먹을 것이 없고 병이 성행하는 악한 시대 또 자기를 돌이켜 반성할 줄 모르는 악한 인간이 횡행하거나 이제 어떻게 할 수도 없는 번뇌에 사로잡힌다거나 사악한 마음으로 가득 차 신앙이 없는 이러한 말세를 만난 불쌍한 사람들을 위해서 아미타불의 이름을 칭찬하시고, 그 이름을 부르면 반드시 왕생할 수 있다고 격려하셨다. 게다가 갠지스 강의 모래알 만큼이나 많은 시방세계의 부처님들도 다 함께 이것을 극구 칭찬하셨다는 것이 바로 이것을 증명하는 것이다. 또 시방세계에 있는 부처님들은 사람들이 석존의 설하신 것을 믿지 않을 것을 염려하여 석존과 똑같은 마음으로 똑같은 때에 모두 삼천대천세계(三千大天世界)를 두루 덮을 수 있는 광장설상(廣長舌相)으로, 성실한 말씀으로 진실한 약속을 하셨다. 그러므로 너희들은 모두 석존이 설하신 말씀이나 칭찬하신 것 또는 터득하신 것을 반드시 믿어야 한다.

모든 어리석은 범부중생은 자기가 저지른 죄나 은혜가 많고 적음에 관계없이, 또 수행의 시간이 길고 짧음에도 관계없이, 백년에 이르는 사람이든 또는 하루나 혹은 칠일밖에 되지 않는 사람이든, 오직 한마음으로 열심히 아미타불의 이름을 부르면 반드시 왕생할 수 있다는 것을 결코 의심해서는 안 된다고 설하셨다. 즉 한 부처님이 설하신 것은 그대로 모든 부처님이 그 사실이 틀림없음을 증명하신 것이다.

이상은 잘못된 것을 바로 잡아서 사람들에게 믿음을 확립시킨 것으로 왕생할 수 있다는 신심을 확실하게 세우도록 설명한 것이다.

제3은 회향발원심(回向發願心)이다. 회향발원심이란 전세(前世)와 현세(現世)의 신구의(身口意) 삼업(三業)의 행위에 의해 닦은 선근공덕과 모든 범부나 성자들이 신구의 삼업에 의해 닦은 선근공덕을 더불어 기뻐하고 자기와 타인의 선(善)을 모두 진실심(眞實心)과 심심(深心)을 바쳐 아미타불의 정토에 태어나기를 발원하는 마음이다. 그러므로 자기가 닦은 복과 선(善)을 지극한 정성으로 정토에 회향하여 원을 세우는 마음을 회향발원심이라고 한다. 또 선행을 쌓으며 원을 세워서 왕생하기를 원하는 자는 반드시 진실한 마음으로 원해야만 왕생할 수 있다는 생각을 확고하게 하지 않으면 안 된다. 이와 같이 깊게 믿는 마음은 마치 금강석(金剛石)과 같이 단단하여서 자기와는 견해와 사상이 다르고 또 다른 교리를 배우고 실천방법이 다른 사람들 때문에 흔들리거나 무너지는 일은 결코 없다. 오직 이것뿐이라고 모든 것을 뿌리치고 똑바로 전진하는 것이 중요하므로 입장이 다른 사람들의 말에 귀를 기울여서 망설이거나 마음이 약해진 나머지 번뇌의 세계에 빠져버려 왕생이라는 커다란 은혜를 잃어서는 안 된다.

問曰：凡夫智淺, 惑障處深, 若逢解行不同之人, 多引經論來相妨難證雲：一切罪障凡夫, 不得往生者, 雲何對治彼難, 成就信心, 決定直進, 不生怯退也?

答曰：若有人多引經論證雲不生者, 行者即報雲：仁者雖將經論來證導不生, 如我意者決定不受汝破。何以故? 然我亦不是不信彼諸經論, 盡皆仰信；然佛說彼經時, 處別、時別、對機別、利益別。又說彼經時, 即非說《觀經》、《彌陀經》等時。然佛說備機, 時亦不同, 彼即通說人天菩薩之解行, 今說《觀經》定散二善, 唯爲韋提, 是佛滅後, 五濁五苦等, 一切凡夫, 證言得生。爲此因緣, 我今一心, 依此佛教, 決定奉行。縱使汝等百千萬億導不生者, 唯增長成就我往生信心也。

又行者更向言說, 仁者善聽, 我今爲汝更說決定信相, 縱使地前菩薩、羅漢、辟支等, 若一若多乃至遍滿十方, 皆引經論證言不生者, 我亦未起一念疑心, 唯增長成就我清淨信心。何以故? 由佛語決定成就了義, 不爲一切所破壞故。

又行者善聽，縱使初地以上十地以來，若一若多乃至遍滿十方，異口同聲，皆雲釋迦佛指贊彌陀，毁呰三界六道，勸勵衆生專心念佛及修餘善，畢此一身，後必定生彼國者此必虛妄，不可依信也。我雖聞此等所說，亦不生一念疑心，唯增長成就我決定上上信心。何以故？乃由佛語真實決了義故。佛是實知、實解、實見、實證，非是疑惑心中語故。又不爲一切菩薩，異見異解之所以破壞，若實是菩薩者，衆不違佛教也。

又置此事，行者當知，縱使化佛報佛，若一若多乃至遍滿十方，各各輝光吐舌，遍覆十方，一一說言，釋迦所說相贊，勸發一切凡夫，專心念佛，又修餘善回願，得生彼淨土者，此虛妄定無此事也。我雖聞此等諸佛所說，畢竟不起一念疑退之心，畏不得生彼國也。何以故？一佛一切佛，所有知見、解行、證悟、果位、大悲，等同無少差別，是故一佛所制，即一切佛同制。如似前佛制斷殺生十惡等罪，畢竟不犯不行者，即名十善、十行，隨順六度之義，若有後佛出世，豈可改前十善令行十惡也！以此道理推驗明知，諸佛言行不相違失，縱令釋迦指勸一切凡夫，盡此一身，專念專修，舍命以後定生彼國者，即十方諸佛悉同贊、同勸、同證。何以故？同體大悲故。一佛所化，即一切佛化，一切佛化即一佛所化，即《彌陀經》中說：釋迦贊歎極樂種種莊嚴，又勸一切凡夫，一日七日，一心專念，彌陀名號，定得往生。次下文雲：十方各有恒河沙等諸佛，同贊釋迦能於五濁，惡時、惡世界、惡衆生、惡見、惡煩惱、惡邪無信盛時，指贊彌陀名號，勸勵衆生稱念，必得往生，即是其證也。

又十方佛等，恐畏衆生，不信釋迦一佛所說，即共同心同時，各出舌相，遍滿三千世界，說誠實言，汝等衆生，皆應信是，釋迦所說、所贊、所證，一切凡夫，不問罪福多少，時節久近，但能上盡百年，下至一日七日，一心專念，彌陀名號，定得往生，必無疑也。是故一佛所說，即一切佛同證誠其事也。

此名就人立信也，次就行立信者，然行有二種：一者正行，二者雜行(雲雲如前二行之中所引，恐繁不載，見人得意。)

三者回向發願心：言「回向發願心」者，過去及今生，身口意業，所修世出世善根，及隨喜他一切凡聖，身口意業所修世出世善根，以此自他所修善根，悉皆真實深信心中，回向願生彼國土，故名回向發願心也。又回向發願願生者，必須決定真實心中，回向願作得生想；此心深信，由若金剛，不爲一切異見、別解、別行人等之所動亂破壞。唯是決定一心，投正直進，不得聞彼人語，即有進退，心生怯弱，回顧落道，即失往生之大益也。

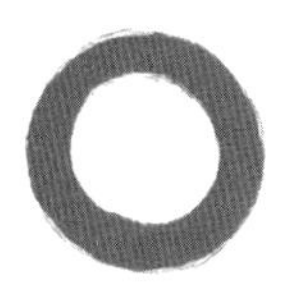

질문함이라.

만일 이해나 실천이 다른 여러 부정한 사상을 가지고 있는 사람들이 가까이 와서 마음을 번거롭게 동요시키고 때로는 비난하고 의심이 생기게 하여 왕생할 수 없다고 하거나 또는 당신들은 아주 먼 옛날부터 오늘에 이르기까지 신구의(身口意) 삼업(三業)의 행위에 의해서 모든 범부나 성자들에게 십악(十惡) 오역(五逆) 사중(四衆) 방법(謗法) 천제(闡提) 파계(破戒) 파견(破見)이라는 죄를 만들었으나 아직도 이 죄를 없애지 못하고 있지 않는가? 더구나 이 죄들은 사람들을 번뇌의 나쁜 세계에 결박시키고 있다. 그런데도 불과 일생 동안 복덕을 쌓고 염불을 한다고 해서 번뇌를 벗어나고 두 번 다시 윤회의 세계에 떨어지지 않는 아미타불의 정토에 태어나 영구히 죄를 짓지 않는 깨침을 어떻게 터득할 수 있단 말인가. 터득할 리가 없다고 말한다면 어떻게 할 것인가?

대답함이라.

그것에 대해서 대답하건대 많은 부처님의 가르침이나 행위는 갠지스 강가의 모래알 만큼이나 많으며 그 가르침을 받는 인간의 소질능력의 조건도 그와 같이 많기 때문에 각각 그것에 따라 가르침을 설하는 방법도 많다. 예를 들면 태양의 빛은 어둠을 밝히고 천공(天空)은 그 무엇이든지 받아들이고 대지(大地)는 초목을 자라게 한다. 또 물은 초목을 싱싱하게 키우며 불은 물건을 녹여 만들거나 태워버리기도 하는데 이런 것들은 세상 사람들이 자기 눈으로 직접 보아 확인할 수 있는 것들이므로 의심하지 않는다.

이러한 것들은 모두 상대적으로 작용하기 때문에 상대의 법이라고 부른다. 그 어느 것도 눈으로 확인해 볼 수 있는 것으로 눈앞에 나타나는 현상은 모두 천차만별(千差萬別)이다. 자연현상조차 이러한데 하물며 불가사의(不可思議)한 힘을 가지고 있는 불법에 많은 은혜가 없겠는가? 참으로 그럴 리가 없다. 따라서 가르침의 한 가지 문(門)을 나오면 그것은 그대로 한 가지 번뇌의 문을 나온 것이 되며 가르침의 한 가지 문(門)에 들어서면 그것은 그대로 한 가지 번뇌에서 해방되어 괴로움에서 빠져나와 진실한 지혜의 문에 들어선 것이 된다.

그러므로 인연을 따라 수행하여 각자 해탈을 찾아야 할 것이다. 그런데도 당신들은 비록 그것이 중요한 수행법일지라도 우리들과 인연이 없는데 왜 우리들을 혼동시키고 망치려고 하는가. 지금 우리가 진심으로 원하고 있는 것은 우리에게 인연이 있는 수행법이지 그대들이 구하고 있는 것이 아니다. 너희가 진심으로 원하고 있는 것은 너희들에게는 인연이 있는 수행법이지만 우리가 구하고 있는 것은 아니다. 서로에게 맞는 것을 각각 찾아 열심히 노력하면 반드시 번뇌의 세계에서 벗어날 수 있을 것이라고 설하면 좋을 것이다. 이러한 이유로 각각 원하는 것에 따라서 수행을 한다면 반드시 해탈할 수 있을 것이 불도를 이루려는 수행자는 다음과 같은 것을 잘 알아두지 않으면 안 된다. 즉 학문적으로 교리를 이해하고 배우려고 한다면 범부의 입장에서부터 성현(聖賢)의 경지로 나아가 부처가 될 수 있는 깨침의 경지까지도 자유롭게 모두 배우도록 하여라. 그러나 만일 가르침의 실천을 배우려고 한다면 반드시 인연이 깊은 불법에 의해서만 한다. 조금은 고생스러워도 큰 은혜를 입을 수가 있는 것이다.

그리고 정토에 왕생하기를 원하는 모든 사람들에게 말해주고 싶다. 나는 여기에서 염불하는 사람을 위하여 한 가지 비유를 들면서 그 사람의 신심을 지키고 나쁜 생각에서 오는 외부의 비난을 막으려고 한다. 그 비유란 다음과 같다.

비유하건대 어떤 사람이 서쪽을 향해서 천리(千里) 만리(萬里)나 되는 길을 걸어 가려고 생각하고 있는데 갑자기 길 양쪽으로 두 개의 강이 보였다. 하나는 불의 강[火河]으로 남측에 있었고 또 하나는 물의 강[水河]으로 북측에 있었다. 강의 폭은 각각 백보(百步) 정도였는데 깊이는 너무 깊어서 물 속 깊은 곳이 보이지 않았고 남과 북의 길이는 어디까지인지 끝이 없었다. 그런데 물의 강과 불의 강의 중간에 한 줄기의 하얀 길이 있었다. 그 폭은 사오촌(四五寸) 정도 되어 보였고, 이 길은 동쪽의 언덕으로부터 서쪽의 언덕까지 백보 정도였다. 그리고 물의 강의 파도가 밀려와서는 길까지 적셨다. 불의 강의 불기운도 거세게 다가와서 길을 태워버렸다. 물과 불이 서로 다른 길을 끊임없이 공격하고 있었다.

이 사람은 이미 먼 길을 걸어서 이 넓고 끝없는 곳에 왔는데 어디로 가야 할지 가르쳐 주는 사람도 없었고 더욱 거기에는 악자(惡者)들과 무서운 짐승들만이 있을 뿐이었다. 더구나 그들은 여행자가 혼자라는 것을 알고 서로 앞을 다투어 와서 죽이려고 하였다. 여행자는 죽음 앞에 놓인 것이 너무 무서워 서쪽을 향해 뛰기 시작하니 거기에는 바로 지금 말한 대하(大河)가 홀연히 놓여 있었던 것이다. 그래서 이 두 강은 남과 북으로 한없이 뻗어 있어서 그 끝이 보이지 않을 정도다. 그리고 그 중간에 한줄기 작고 하얀 길이 있는데, 그 폭이 아주 좁아 동쪽과 서쪽 사이가 불과 백보밖에 떨어져 있지 않는데 어떻게 무사히 갈 수가 있을까? 오늘 죽는 것은 틀림 없는 일이라고 생각하였다.

오던 길로 다시 돌아가려고 하니 주위에 모여 있는 도적들과 무서운 짐승들이 달려들고 남쪽이나 북쪽으로 피하려고 하니 또 독충들과 맹수들이 내쪽으로 달려온다. 할 수 없이 한 줄기 하얀 길을 따라 서쪽으로 가려고 하니 물의 강과 불의 강에 빠져버릴 것 같았다. 이러한 곤경에 처한 사람의 두려움이란 무엇이라고 말해야 좋을 지 모르겠다. 거기서 여행자는 곰곰이 생각했다.

'지금 나는 뒤로 돌아가도 죽을 것이고 그냥 여기에 머물러있어도 죽을 것이며 다른 길로 가도 죽을 것이다. 어떤 길을 선택하든 죽음을 면할 수는 없을 것이니 나는 그냥 이 한 줄기 하얀 길을 따라 나아가자 물에 휩싸이든 불에 타버리든, 또는 길이 좁든 간에 길인 것은 틀림없으므로 반드시 건널 수 있을 것이다.'

바로 이때 동쪽 언덕에서 "너는 굳은 마음으로 이 길을 따라 똑바로 가거라. 죽음 의 공포는 결코 없을 것이다. 만일 그곳에 머물러있으면 곧 죽게 될 것이다"라고 말씀하시는 소리가 들렸다. 또 서쪽 언덕에 사람이 나타나 "너는 오직 한마음으로 무서워하지 말고 이쪽으로 건너오너라. 내가 너를 지켜줄 것이니 물에 휩싸이고 불의 강에 떨어질 것을 두려워해서는 안 된다"라고 하였다.

여행자는 이쪽에서는 저쪽으로 가게 하려고 하고, 저쪽에서는 건너오도록 부르고 있다는 것을 알고 이제 마음을 굳게 정하고서 의심하지 않고 똑바로 나아갔다. 열 걸음 스무 걸음 정도 나아갔을 때 동쪽의 언덕에 모여있던 도적들이 소리를 지르며 "되돌아 오너라. 이 길은 험악해서 건널 수가 없다. 건너다가는 틀림없이 죽을 것이다. 우리들은 나쁜 마음을 품고 너에게 달려들지는 않을 것이다"라고 하였다. 이 여행자는 그들이 부르는 소리를 들었지만 뒤도

돌아보지 않고 오직 한마음으로 길(백도白道)만을 생각하면서 똑바로 나아갔다.

드디어 서안(西岸)에 도착하여 오랫 동안 두려워했던 재난으로부터 벗어날 수가 있었고 서안에 있던 착한 친구들과 만날 수 있어서 그 기쁨과 즐거움은 한량 없었다고 한다.

이것은 중국 선도대사(善導大師)의 유명한 이하(二河) 백도(白道)의 비유다.

이 비유가 무엇을 의미하는지 잘 생각해 보면, 동쪽 언덕은 번뇌의 불로 둘러싸인 집 속에서 살고 있는 어리석은 인간의 생활을 나타내는 것으로 번뇌의 세계 즉, 사바세계를 비유한 것이다. 서쪽 언덕이란 아미타불의 불국정토인 극락세계를 비유한 것이다. 군집을 이룬 도적이나 해를 끼치는 맹수들이 겉으로는 친절한 척하지만 사실 그렇지 않은 것은 인간의 육근(六根) 육식(六識) 육진(六塵) 오음(五陰) 사대(四大) 등의 요소가 세속의 때에 물들어 본래는 깨끗하고 맑은 마음을 지니고 있었음에도 불구하고 어느 사이 더럽고 사악한 마음을 지니게 되었다는 것을 비유하고 있다. 사람이 살고 있지 않는 광막(廣漠)한 늪이란 것은 항상 나쁜 친구와 어울려 진실한 진리를 가르쳐주는 자를 만날 수 없는 것을 비유한다.

물의 강과 불의 강이란 인간이 가지고 있는 탐욕과 애착이 마음 속 깊이 스며들어 마치 물과 같으며 분노와 증오는 마치 활활 타오르는 불과 같다는 것을 비유한 것이다.

중간에 있는 사오촌(四五寸) 정도의 하얀 길은 인간이 탐욕이나 분노 등의 번뇌로 꽉 찬 속에서도 깨끗한 정토에 왕생하기 위해서 마음을 세우는 것에 비유한 것이다. 즉 탐욕이나 분노 등이 강하다는 것을 물, 불과 같다고 비유했으며 선심(善心)은 하얀 길에 비유했으며, 파도가 항상 길을 적시고 있다는 것은 애착심이 일어서 선심을 자주 번뇌 속에 빠뜨린다는 것을 비유했으며, 불기운이 항상 길을 태워버린다는 것은 분노와 혐오심이 그 동안 선행의 덕으로써 이룩한 불법의 재산을 태워버린다는 것을 비유한 것이다.

여행자가 서쪽을 향해 똑바로 나아가는 것은 지금까지 쌓아온 많은 선행으로서 서방정토에 가는 것을 비유한 것이다. 동안(東岸)에서 서쪽으로 곧장 가거라 하는 소리를 듣고 곧바로 서쪽을 향해 가는 것은 석존이 입멸(入滅)하시고 난 뒤 후세 사람들은 석존을 만날 수는 없지만 그 가르침은 받을 수 있음을 비유한 것으로, 후세에서도 불법을 들을 수 있다는 것을 뒷쪽에서 소리 나는 것으로 표현한 것이다.

또 십보(十步) 이십보(二十步) 정도 나아갔을 때 모여있던 도적들이 되돌아오라고 불렀던 것은 다른 학문이나 수행을 하는 사람들과 사악한 견해를 가진 사람들이 함부로 자기 견해를 설하여 혼란시키는 것이며 더욱이 스스로 죄를 만들어서 악도에 떨어지는 것을 비유한 것이다.

서쪽에서 사람이 나타나 부르는 것은 아미타불이 반드시 사람들을 구제하신다고 약속하신 서원에 비유하신 것이다. 이윽고 서쪽에 도착하여서 착한 친구들을 만나 기뻐한다는 것은 오랫 동안 생사의 방황 속에 빠져 고통의 세계를 헤매면서 그 속에서 스스로를 묶어 헤어날 방법이 없을 때 다행히 석존께서 서방정토에 가도록 지시해 주셨고 또 아미타부처님께서 자비로운 마음으로 정토에 오라고 불러주셨기 때문에 이 두 분의 의지를 믿고 따라 물의 강, 불의 강의 위험도 두려워하지 않고 서방정토에 왕생할 것을 한시도 잊지 않고서 아미타불 본원의 힘이라는 대도(大道)를 타고 나아갈 수 있었으며, 수명이 다한 뒤에는 정토에 왕생하여 아미타부처님를 만난 기쁨이 더할 나위 없었다는 것을 비유한 것이다.

그리고 모든 염불자는 행주좌와 어묵동정간 일상생활의 그 어느 때에도 신구의(身口意) 삼업(三業)으로 행하는 모든 행위에 있어서는 밤낮 없이 또 시간의 장단도 가리지 않고 이하 백도(二河白道)의 비유를 체득하여 늘 염두에 두고 열심히 노력하지 않으면 안 된다. 그래서 이것을 회향발원심(回向發願心)이라고 한다. 회향이란 것은 아미타불의 정토에 태어난 뒤 대자비심(大慈悲心)을 일으켜 이 고통의 세계에 다시 돌아와서 사람들을 교화하는 것을 말한다.

이상의 세 가지 마음이 갖추어져 있다면 염불에 의해서 반드시 은혜(왕생)를 입을 수 있다. 아미타불의 본원과 염불의 행위가 이미 이루어져 있기 때문에 왕생할 수 없다는 도리는 존재할 수가 없다. 그리고 이 삼심(三心)은 관무량수경의 산선(散善)에 대한 부분에 나와 있는데, 정선(定善)과도 통하여 그 의미는 지금까지 설명한 것과 같으므로, 그것으로도 이해할 수 있을 것이다.

問曰：若有解行不同, 邪雜人等來相惑亂, 或說種種疑難導不得往生, 或雲汝等衆生, 曠劫已來, 及以今生, 身口意業, 於一切凡聖身上, 具造十惡、五逆、四重、謗法、闡提、破戒、破見等罪, 未能除盡, 然此等之罪, 系屬三界惡道, 雲何一生修福念佛, 即入彼無漏無生之國, 永得證悟不退位也。

答曰：諸佛教行, 數越塵沙, 稟識機緣, 隨情非一；譬如世間人, 眼可見可信者, 如明能破暗, 空能含有, 地能載養, 水能生潤, 火能成壞。如此等事, 悉名待對之法, 即目可見, 千差萬別, 何況佛法不思議之力, 豈無種種益也。隨出一門者, 即出一煩惱門也, 隨入一門者, 即入一解脫門智慧門也。爲此隨緣起行, 各求解脫, 汝何以乃將非有緣之要行, 障惑於我, 然我之所愛, 即是我有緣之行, 即非汝所求；汝之所愛, 即是汝有緣之行, 亦非我所求。是故, 各隨所樂而修其行者, 必疾得解脫也。行者當知, 若欲學解, 從凡至聖乃至佛果, 一切無礙皆得學也；若欲學行者, 必藉有緣之法, 少用功勞多得益也。

又白一切往生人等, 今更爲行者說一譬喻, 守護信心, 以防外邪異見之難。何者是也：

譬如有人，欲向西行，百千之裏，忽然中路，見有二河，一是火河在南，二是水河在北。二河各闊百步，各深無底，南北無邊。正水火中間，有一白道，河闊四五寸許，此道從東岸至西岸，亦長百步。其水波浪，交過濕道，其火焰亦來燒道，水火相交，常無休息。此人既至，空曠迥處，更無人物，多有群賊惡獸，見此人單獨，競來欲殺。此人怖死，直走向西，忽然見此大河，即自念言：「此河南北，不見邊畔，中間見一白道，極是狹小，二岸相去雖近，何由可行，今日定死不疑。」正欲到回，群賊惡獸，漸漸來逼；正欲南北避走，惡獸毒蟲，競來向我；正欲向西，尋道而去，複恐墮此水火二河。當時惶恐，不複可言，即自思念：「我今回亦死，住亦死，去亦死；一種不免者，我寧尋此道，向前而去，既有此道，必應可度。」作此念時，東岸忽有人勸聲：「仁者但決定尋此道行，必無死難，若住即死。」又西岸有人喚言：「汝一心正念直來，我能護汝。眾生不畏墮於水火之難。」此人既聞，此遣彼喚，即自正當身心決定，尋道直進，不生疑怯退心。或行一分二分，東岸群賊等喚言：「仁者回來，此道險惡不得過，必死不疑。我等眾無惡心相向」。此人雖聞喚聲，亦不回顧，一心直進，念道而行，須臾即到西岸，永離諸難，善友相見，慶樂無已。此是喻也。

次合喻者，言「東岸」即喻此娑婆之火宅也。言「西岸」者，即喻極樂寶國也。言「群賊、惡獸詐親」者，即喻眾生六根、六識、六塵、五陰、四大。言「無人空迥澤」, 即喻常隨惡友, 不值善知識也。言「水火二河」者, 即喻眾生貪愛如水, 嗔憎如火也。中間「白道」四五寸者, 即喻眾生貪嗔煩惱中, 能生淸淨願往生心也。乃由貪瞋強故即喻如水火, 善心微故喻如白道。又「水波常濕道」者, 即喻愛心常起能染汙善心也。又「火焰常燒道」者, 即喻嗔嫌之心能燒功德之法財也。言人行道上「直向西」者, 即喻回諸行業直向西方也。「東岸聞人聲勸遣, 尋道直西進」者, 即喻釋迦已滅, 後人不見, 由有教法可尋, 即喻之如聲也。言或行一分二分「群賊等喚回」者, 即喻別解、別行、惡見人等, 妄說見解, 迭相惑亂, 及自造罪退失也。言「西岸上有人喚」者, 即喻彌陀願意也。言「須臾到西岸善友相見喜」者, 即喻眾生久沉生死, 曠劫輪回, 迷倒自纏, 無由解脫, 仰蒙釋迦發遣指向西方, 又藉彌陀悲心招喚, 今信順二尊之意, 不顧水火二河, 念念無遺。乘彼願力之道, 舍命已後, 得生彼國, 與佛相見, 慶喜何極也。

又一切行者, 行住坐臥, 三業所修, 無間晝夜時節, 常作此解, 常作此想, 故名回向發願心。

又言回向者, 生彼國已, 還起大悲, 回入生死, 教化眾生, 亦名回向也。

三心即具, 無行不成。願行既成, 若不生者, 無有是處也。

又此三心亦通攝定散之義。應知。

왕생예찬(往生禮讚)에서도 다음과 같이 설하고 있다.

묻건대, 사람들을 위해서 왕생의 길을 권할 때는 어떠한 마음가짐과 행위, 또 생활을 해야만 반드시 왕생할 수 있다고 설할 것인가?

대답하건대, 꼭 아미타불의 정토에 태어나고 싶다면 관무량수경에 설법되어 있는 대로 이해하면 좋을 것이다. 즉 삼심(三心)을 갖추고 있는 사람은 반드시 왕생할 수 있다. 무엇을 세 가지라고 하는가?

❶제1은 지성심(至誠心)이다. 모든 몸의 행위로 아미타불을 예배하고 입의 행위로는 아미타불을 칭송하며 마음의 행위로써는 아미타불을 잊지 않고 끊임없이 생각하는 것이다. 이 몸[身]과 입[口]과 마음[意]의 삼업(三業)을 행할 때는 반드시 진실한 마음에서 하지 않으면 안 된다. 그래서 지성심이라고 한다.

❷제2는 심심(深心)이다. 이것은 진실한 신심을 말한다. 자기 자신은 원래 번뇌에 꽉 찬 어리석은 인간이고 선(善)을 행하는데 있어

서도 아직 모자람이 많고 고통의 세계를 떠도는 마치 번뇌의 불기둥이 활활 치솟는 집속에서 빠져나올 수 없는 것과 같다는 것을 깊이 깨달아서 지금이야말로 아미타불의 일성(一聲) 또는 십성(十聲)이든 미타(彌陀)의 명호를 부르면 반드시 왕생할 수 있다는 서원을 세우셨다는 것을 의심하지 않고 깊이 믿음이다. 그래서 심심(深心)이라고 한다.

❸제3은 회향발원심(回向發願心)이다. 지금까지 자기가 행해온 모든 선(善)을 정토에 회향하여 왕생을 발원하는 것이다. 그래서 이것을 회향발원심이라고 한다.

이 삼심(三心)을 갖추고 있으면 반드시 왕생할 수 있다. 그러나 만일 이 가운데 하나라도 빠져 있으면 왕생할 수 없다. 이것은 관무량수경에도 자세히 설해져 있으니 참고하여 이해하기 바란다. 내 생각으로는 이상에서 인용한 삼심(三心)이란 염불을 실천하는 사람에게 있어서 무엇보다도 중요한 것이다. 왜냐하면 관무량수경에는 삼심을 갖추고 있는 자는 반드시 아미타불의 정토에 왕생할 수 있다고 설해져 있는데, 이것으로도 그 사실을 충분히 알 수 있기 때문이다. 또 선도대사의 왕생예찬(往生禮讚)에도 만일 그 하나라도 빠져 있으면 왕생할 수 없다고 해석하고 있다. 이러한 이유로 극락세계에 왕생하기를 발원하는 사람들은 삼심(三心)을 모두 완전하게 갖추지 않으면 안 된다.

삼심(三心) 중에서 지성심(至誠心)이란 것은 진실한 마음을 말하는 것인데, 그 내용(內容)은 앞에서 인용한 것과 같으나 다만 여기에서 표면으로는 착하고 현명한 사람처럼 행동하고 아주 성실하게 노력하는 것처럼 보여도 내면은 어리석고 게으르며 거짓 마음을 지녔다는 부분의 표면이란 말은 내면에 상대한 말이다. 말하자면 표면의 상태가 내면과는 조화되어 있지 않다는 것을 의미한다. 즉 겉으로는 지혜가 있는 것처럼 행동해도 사실은 어리석다는 것이다. 현명하다는 것은 어리석다에 대한 말로 표면은 영리한 것처럼 보여도 내면은 그렇지 않다는 것을 말한다. 만일 표면에 나타나 있는 만큼 내면에도 갖춰져 있다면 그것은 번뇌의 세계를 벗어날 수 있는 중요한 요인이 된다. '내면은 어리석고 게으르며 거짓 마음을 품고 있다'에서의 내면은 외면에 대한 말로서 내심과 표면의 상태가 조화되지 않음을 의미한다. 즉 내면은 거짓으로 위장되어 있고 표면은 진실하다는 것인데 거짓은 진실에 대한 말이기도 하다. 다시 말하면 내심은 거짓으로 꽉 차 있으면서도 겉으로는 진실한 척 행동하는 사람을 가리킨다. 만일 내면에 나타나 있는 상태를 뒤집어 표면으로 옮길 수 있다면 이것 역시 번뇌의 세계를 벗어날 수 있는 중요한 요인이 될 것이다.

다음으로 심심(深心)이란 것은 깊게 믿는 마음을 말한다. 불법을 의심하기 때문에 번뇌의 세계인 생사의 틀 안에 갇혀서 벗어날 수 없는 것으로 불법을 믿는다면 깨우침의 세계인 열반(涅槃)의 세계에 들어갈 수 있다는 것을 알아야 한다. 그래서 선도대사는 신심을

'자기는 어리석은 범부라는 것을 인정하고 부처님의 서원을 믿음'에 두 가지로 나누어서 설하였다. 깊게 믿는 마음으로 염불하면 사람의 행위에 구종(九種)의 단계가 있어서 서로 다르다 할지라도 그 모두 왕생할 수 있다고 분명하게 밝혔던 것이다.

또 이것들과는 다른 종류의 학문이나 실천, 사상, 견해는 성도문(聖道門)의 길을 추구하는 학문, 실천, 사상, 견해를 의미하며 그 이외는 정토문(淨土門)을 의미한다. 자세한 것은 인용문(引用文)에 있으므로 참고하기 바란다. 선도대사의 본의도 역시 이 이문(二門)에 있었음을 분명하게 알 수 있다.

다음 회향발원심(回向發願心)의 의미는 따로 다른 주석을 인용할 필요가 없을 만큼 명료하다. 염불행자는 앞에서 인용한 선도대사의 글을 읽고 잘 이해하길 바란다. 이 삼심(三心)을 총괄해서 말하면 부처님이 설하신 모든 실천법이라고 말할 수 있는데, 특히 염불하여 정토에 왕생하는 행위를 말한다. 그리고 이 삼심은 불교의 모든 수행에 있어서 중요한 마음의 각오이다. 특히 정토에 왕생하기를 원하는 사람들을 위한 수행의 마음가짐으로 설해졌기 때문에 그 의미가 넓은 것이다. 정토왕생을 발원하는 염불행자는 이것을 잘 생각하여 그 마음가짐을 분명히 해야 한다.

《往生禮贊》雲：問曰：今欲勸人往生者，未知若爲安心、起行、作業, 定得往生彼國土也?

答曰：必欲生彼國土者, 如《觀經》說者, 具三心必得往生。何等爲三?

一者至誠心。所謂身業禮拜彼佛, 口業贊歎稱揚彼佛, 意業專念觀察彼佛。凡起三業, 必須真實, 故名至誠心。

二者深心, 即是真實信心。信知自身是具足煩惱凡夫, 善根薄少, 流轉三界, 不出火宅；今信知彌陀本弘誓願, 及稱名號, 下至十聲一聲等, 定得往生, 乃至一念無有疑心, 故名深心。

三者回向發願心。所作一切善根, 悉皆回願往生, 故名回向發願心。

具此三心, 必得生也；若少一心, 即不得生。如《觀經》具說應知。

私雲：所引「三心」者, 是行者至要也, 所以者何?《經》則雲：「具三心者, 必生彼國」；明知具三, 必應得生。《釋》則雲：「若少一心, 即不得生」；明知一少, 是更不可。因茲欲生極樂之人, 可全具足三心也。

其中「至誠心者」是真實心也, 其相如彼文。但「外現賢善精進相, 內懷虛假」者, 外者對內之辭也, 謂外相與內心不調之意, 即是外智內愚也；賢者對愚之辭也, 謂外是賢內即愚也；善者對惡之辭也, 謂外是善內即惡也；精進者對懈怠之辭也, 謂外示精進相，內即懷懈怠心也。若夫翻外蓄內者，祇應備出要。「內懷虛假」等者，內者對外之辭也，謂內心與外相不調之意，即是內虛外實也。虛者對實之辭也，謂內虛外實者也；假者對真之辭也，謂內假外真也；假者對真之辭也，謂內假外真也。若夫翻內播外者，亦可足出要。

次「深心」者謂深信之心，當知：生死之家，以疑爲所止；涅槃之城，以信爲能入。

故今建立二種信心，決定九品往生者也。又此中言一切別解、別行、異學、異見等者，是指聖道門解、行、學、見也，其餘即是淨土門意，在文可見。明知善導之意，亦不出此二門也。

「回向發願心」之義不可俟別釋，行者應知。

此三心者，總而言之，通諸行法，別而言之，在往生行。今舉通攝別，意即周矣。行者能用心，敢勿忽緒。

대세지보살

제 9 장

4종의 염불수행

염불행자는 사종(四種)의 실천방법을 선택하여
수행함을 설한 글.

선도대사의 왕생예찬(往生禮讚)에서는 다음과 같이 설하고 있다.

그리고 네 가지의 실천해야 할 방법을 행하도록 권하였다.

무엇을 사종(四種)이라고 하는가?

❶제1은 공경수(恭敬修)이다. 서방정토 극락세계의 교주(教主)이신 아미타불과 정토에 계시는 모든 성자들을 공경하고 정중하게 예비(豫備)하는 것을 말한다. 즉 공손하게 공경하고 존경하는 마음으로 행한다고 해서 공경수라고 부르는데, 이것은 또 죽을 때까지 멈추지 않고 장시간에 걸쳐서 행하기 때문에 장시수(長時修)라 부른다.

❷제2는 무여수(無余修)이다. 아미타불의 이름을 오직 순수한 마음으로 열심히 부르고 또 아미타불뿐만 아니라 그 정토에 계시는 모든 성자들의 이름을 부르고 사모하고 예배하고 찬양하는 것으로 다른 행위가 섞이지 않는 것을 말한다. 이렇게 다른 행위가 섞이지 않고 순수하게 행하기 때문에 무여수라고 한다. 이것은 또 일생을 마칠 때까지 멈추지 않고 장시간에 걸쳐 행하기 때문에 장시수(長

時修)라 한다.

❸제3은 무간수(無間修)이다. 이것은 쉼이 없이 항상 공손하게 예배하고 부처님의 이름을 경건하게 칭송하고 조용한 마음으로 정신을 집중시켜서 모든 선행을 바쳐 정토에 왕생하기를 한 순간도 멈추지 않고 원하며 다른 행위가 섞이지 않도록 하는 것을 말한다. 즉 쉬지 않고 계속해서 노력하는 것이기 때문에 무간수라고 하는 것이다. 또 탐욕이나 분노 등의 번뇌를 마음속에 품지 않도록 노력했는데도 죄를 저질렀다면 그때마다 참회해서 하루 또는 한 시간 한 순간이라도 틈을 두지 않고 계속 마음을 청정하게 해야만 한다. 이것은 또 일생 동안 멈추지 않고 장시간에 걸쳐 행하기 때문에 장시수(長時修)라고 한다.

善導《往生禮贊》雲：又勸行四修法, 何者爲四?

一者「恭敬修」: 所謂恭敬禮拜彼佛, 及彼一切聖衆等, 故名恭敬修。畢命爲期, 誓不中止, 即是「長時修」。

二者「無餘修」: 所謂專稱彼佛名, 專念、專想、專禮、專贊彼佛及一切聖衆等, 不雜餘業, 故名無餘修。畢命爲期, 誓不中止, 即是「長時修」。

三者「無間修」: 所謂相續恭敬禮拜, 稱名贊歎, 憶念觀察, 回向發願, 心心相續, 不以餘業來間, 故名無間修；又不以貪瞋煩惱來間, 隨犯隨懺, 不令隔念、隔時、隔日, 常使淸淨, 亦名無間修。畢命爲期, 誓不中止, 即是「長時修」。

서방요결(西方要決)에서도 다음과 같이 설하고 있다.

단 네 가지의 실천방법을 올바른 행위로 한다.

제1은 장시수(長時修)로서 처음 불도를 지향했을 때부터 진리를 터득할 때까지 항상 서방정토에 왕생할 수 있는 선행을 쌓으며 번뇌의 세계에 빠지는 일은 하지 않는다.

제2는 공경수(恭敬修)로 여기에도 다섯 가지가 있다.

❶첫째 인연이 깊은 성자를 존경하는 것이다. 이것은 길을 걸을 때나 앉아있을 때나 또는 잠을 잘 때나 깨어있을 때나 그 언제든지 서쪽으로는 등을 돌리지 않고 또 눈물을 흘리거나 침을 뱉어서도 안 되며 대소변(大小便)을 볼 때도 서쪽을 향하지 않도록 주의해야 한다.

❷둘째 인연이 깊은 불상이나 가르침을 설한 경전을 존경한다. 이것은 서방(西方)에 계시는 아미타불의 상(像)을 만들거나 그 모습을 많이 그리기도 한다. 많이 만들거나 그릴 수가 없다면 아미타일불(一佛)과 관음(觀音) 세지(世智)의 두 보살을 만드는 것만으로도 좋다. 가르침을 설한 경전이란 것은 아미타경(阿彌陀經) 등을 오색

(五色)으로 된 함(函)에 넣어서 소중하게 간직하고 자기도 독송하며 타인도 읽게 한다. 더욱 이 경이나 불상을 방에 안치해 놓고 아침, 낮, 저녁, 한밤중, 새벽 등 여섯 번의 시각에 맞추어 예배드리며 참회하고 또 향이나 꽃을 올려 특별히 소중하게 하면 아주 좋다.

❸셋째 인연이 깊은 올바른 도리를 가르쳐 주는 사람을 공경하는 일이다. 이것은 정토의 가르침을 말하는 자가 천리만리(千里萬里) 밖에 있든지 가까운 곳에 있든지 그 사람에게 친절히 모시고 존경하며 받들어야 한다. 자기와는 다른 길을 설하고 있는 사람일지라도 공손한 마음으로 존경할 줄 알아야 한다. 만일 상대방을 무시하고 업신여긴다면 그 죄는 아주 무겁다. 그러므로 모든 사람들을 공경하지 않으면 안 된다. 이렇게 함으로써 비로소 수행에 장애가 되는 것을 제거할 수 있다.

❹넷째 인연이 깊어서 서로 같은 길을 가게 된 친구를 공경하는 일이다. 이것은 같은 수행에 힘쓰는 자로 혼자로는 장애가 많아 목적을 달성할 수 없지만 좋은 붕우(朋友)와 함께 실천하면 위험을 피할 수가 있고 재액(災厄)에서도 벗어날 수가 있으므로 같은 길을 걷는 동반자로서의 좋은 인연을 기뻐하고 서로 보호하며 존중해야 한다.

❺다섯째 불법승(佛法僧)의 삼보를 공경하는 일이다. 불보(佛寶) 법보(法寶) 승보(僧寶)는 일단 그 의미상으로는 구별되지만 그 본질은 똑같다는 것과 또 삼보가 각각 다른 존재라고 보는 견해도 역시

함께 존경하지 않으면 안 된다. 이것을 여기에서 자세히 적을 수는 없다. 왜냐하면 아주 조금밖에 수행하지 못한 자에게는 이러한 입장에서 실천할 수도 없고 완성될 수도 없기 때문이다.

그래서 현재 얕은 지식밖에 없는 자를 위해서는 주지삼보(住持三寶)라는 입장에서 말하는 것이 더 큰 인연이 될 것이다. 그것을 간단하게 설명하겠다. 주지삼보라는 것은 불교를 후세에 전하고 유지시키기 위한 것으로 구체적으로는 불상과 경 그리고 출가한 승(僧)을 의미한다.

그 중에서 불보(佛寶)라는 것은 백단(白壇) 등의 향기가 좋은 나무로 불상을 조성하고 또는 아름다운 비단에 수(繡)를 놓아 만든 불상이나 금박(金箔)을 입힌 불상이나 돌을 다듬어 만든 석불(石佛), 흙으로 빚은 불상 등 그 어느 것도 빚어놓은 것에 불과하지만 정성을 다하여 진실을 담은 영상(靈像)이기 때문에 특히 더 정중하게 모셔야한다. 잠깐 불상을 보는 것만으로도 죄는 사라지고 복덕은 더해간다. 그러나 만일 조금이라도 아만심으로 '기껏해야 나무로 만든 등상불이지 않는가?'하고 가벼이 여긴다면 선(善)은 사라지고 점점 죄업이 늘어난다. 그러므로 훌륭한 불상을 대할 때는 부처님을 대하는 것과 똑같이 하여야 한다.

다음 법보(法寶)라는 것은 인간의 성질이나 능력에 따라 터득할 수 있는 세 가지의 길을 설한 가르침을 말한다. 이것을 삼승(三乘)이라고 하는데, 번뇌의 세계에서 나오는 글자나 문장이 아닌 진리의 세계에서 흘러나오는 글자나 문장으로써 나타낸 경전으로, 이 것은 우리를 번뇌의 그물로부터 자유롭게 해주는 인연이 되는 것이므로 우러러 존중하지 않으면 안 된다. 또 올바른 지혜를 만들어 주는 근원이 되는 것이므로 이 훌륭한 경을 옮겨 써서 항상 깨끗한 방에 안치하고 상자 속에 넣어서 정중하게 모셔야 한다. 독송할 때는 항상 몸과 손 등을 깨끗이 해야 한다.

마지막으로 승보(僧寶)에 대해서는 존경 받는 스님과 보살의 경지에 있는 자를 늘 진심으로 공경해야 하며 조금이라도 아만심을 품어서는 안 된다.

제3은 무간수(無間修)이다. 왕생하려는 원을 세워 끊임없이 염불하며 항상 마음속으로 정토에 대한 것을 생각하여야 한다. 예를 들면 어떤 사람이 남에게 재산을 다 빼앗겨 신세가 처량하게 되었다고 한다. 그래서 많은 괴로움을 당했는데 그러던 어느 날 갑자기 부모가 생각나 서둘러 고향에 돌아가려고 하였다. 그러나 돌아갈 비용도 없고 해서 타향에서 밤낮 없이 부모를 그리워하였는데, 그 괴로움이란 참으로 견디기 어려웠다. 그는 잠시라도 부모를 잊는 법이 없었다. 그러던 차 겨우 여비가 마련되어 그립던 고향으로 돌아가게 되었다. 고향에는 따뜻한 부모의 품이 기다려 주고 있어 그 기쁨이란 이루 말할 수 없었다.

염불행자도 역시 이와 같다. 일찍이 번뇌에 사로잡혀서 선량(善良)한 마음이 무너지고 복덕과 지혜 등의 귀중한 보물을 모두 잃어

버렸다. 오랫 동안 번뇌의 세계에 휩쓸려 빠져나오지도 못했고 항상 나쁜 일만 일삼는 악마에게 이용 당해서 육도(六道)를 이리저리 헤매다 심신은 지칠대로 지쳤다. 그런데 다행히도 대자비의 아버지이신 아미타불의 큰 서원의 인연을 만나 그 서원대로 모든 중생을 평등히 구제하신다는 말을 듣고 그 기쁨으로 마음 설레며 부처님의 가르침에 따라 왕생할 것을 다짐하였다. 그러므로 쉬지 않고 노력해서 부처님의 은혜를 생각하고 이 몸이 죽을 때까지 늘 마음에 새기며 잊지 않도록 해야만 한다.

❹제4는 무여수(無余修)이다. 오로지 극락세계에 왕생하기를 바라는 마음으로 무량수불(無量壽佛)을 예배하고 칭송해야 한다. 그리고 이외의 다른 행위가 여기에 섞이지 않도록 주의해야 한다. 날마다 해야 할 행위는 염불과 독경으로 그 외의 행위에 정신이 팔려서는 안 된다.

지금 여기에서 인용한 사종(四種)의 실천방법에 대한 문장은 읽으면 잘 알 수 있으므로 여기에서는 번잡을 피하기 위해서 설명을 생략하겠다. 다만 전문(前文) 왕생예찬(往生禮讚)에서 4종의 실천방법이라고 하면서도 세 가지의 실천방법만 예를 들고 있는 것은 결코 한 가지를 빠뜨린 것이 아니라 오히려 거기에는 깊은 의미가 있다. 어떻게 그것을 알 수 있는가 하면 네 가지의 실천방법이란

❶제1이 장시수(長時修) ❷제2는 공경수(恭敬修) ❸제3은 무여수(無余修) ❹제4는 무간수(無間修)이다. 그런데 제1의 장시수(長時修)

는 나머지 세 가지의 실천방법 중 그 어느 것에도 통용되는 것이다. 만일 공경수가 허사로 돌아간다면 공손하게 존중하는 행위는 성립하지 않는다. 만일 또 무간수가 허사로 돌아간다면 다른 행위를 섞지 않고 순수하게 행하는 것도 성립하지 않는다. 역시 무간수가 허사로 돌아간다면 쉬지 않고 끊임없이 노력해서 행하는 것이 있을 수 없게 된다. 결코 세 가지의 실천방법을 달성시키기 위해서는 아무래도 일생 동안 장시간에 걸쳐 행하여야 하므로 이 문장에서는 세 가지의 실천방법만을 말하고 그 하나하나에 대해서는 허사로 돌아가지 않도록 하라고 설하셨던 것이다.

그래서 세 가지의 실천방법 밑에 목숨이 다할 때까지 결코 중지하지 않는다. 즉 장시간에 걸쳐 행하기 때문에 장시수(長時修)라고도 한다고 모두 끝맺음을 한 것은 바로 이런 의미에서이다. 예를 들면 대승을 표방하는 구도자들이 실천규범으로 하는 여섯 가지의 완성해야 할 덕목의 하나인 정진이 다른 다섯 가지의 덕목에도 통용되는 것과 같은 것이다.

《西方要訣》雲：但修四修以爲正業：

一者「長時修」：從初發心，乃至菩提，恒作淨因，終無退轉。

二者「恭敬修」：此複有五：

一敬有緣聖人：謂行住坐臥，不背西方，涕唾便痢，不向西方也

二敬有緣像教：謂造西方彌陀像變，不能廣作，但作一佛二菩

薩亦得；教者《彌陀經》等，五色袋盛，自讀教他，此之經像，安置室中，六時禮懺，香華供養，特生尊重。

三敬有緣善知識：謂宣淨土教者，若千由旬、十由旬以來，並須敬重親近供養，別學之者總起敬心，與已不同但知深敬也；若生輕慢得罪無窮，故須總敬，即除行障。

四敬同緣伴：謂同修業者，自雖障重，獨業不成，要藉良朋，方能作行。扶危救厄，助力相資，同伴善緣，深相保重。

五敬三寶：同體別相，並合深敬，不能具錄，爲淺行者，不果依修，住持三寶者，與今淺識，作大因緣。今粗料簡言：「佛寶」者，謂雕檀、繡綺、素質、金容、鏤玉、圖繒、磨石、削土，此之靈像，特可尊承。暫爾觀形，罪消增福；若生少慢，長惡善亡；但想尊容，當見真佛。言「法寶」者，三乘教旨，法界所流，名句所詮，能生解緣，故須珍仰，以發慧基。抄寫尊經，恒安淨室。箱篋盛貯，並合嚴敬。讀誦之時，身手清潔。言「僧寶」者，聖僧菩薩，破戒之流，等心起敬，勿生慢想。

三者「無間修」：謂常念佛，作往生心，於一切時，心恒想巧。譬若有人，被他抄掠，身爲下賤，備受艱辛，忽思父母，欲赴歸國，行裝未辨，由在他鄉，日夜思稚，苦不堪忍，無時暫舍，不念爺娘。爲計既成，便歸得達，親近父母，縱任歡娛，行者亦然，往因煩惱，壞亂善心，福智珍財，並皆散失，久流生死，制不自由；恒與魔王，而作仆使，驅馳六道，苦切身心，今遇善緣，忽聞彌陀慈父，不違弘願，濟拔群生，日夜驚忙，發心願生。所以精勤不倦，當念佛恩，報盡爲期，心恒計念。

四者「無餘修」：謂專求極樂，禮念彌陀；但諸餘業行，不令雜起，所作之業，日別須修，念佛誦經，不留餘課耳。

私雲：四修之文可見，恐繁而不解，但前文中，既雲四修，唯有三修，若脫其文，若有其意也；更非脫文，有其深意也。何以得知？四修者：一長時修，二殷重修，三無餘修，四無間修也。而以初長時，只是通用後三修也；謂殷重，若退殷重之行即不成；無餘，若退無餘之行即不可成；無間，若退無間之行即不可成。爲使成就此三修行，皆以長時，屬於三修，所令通修也。故三修之下皆結雲：「畢命爲期，誓不中止，即是長時修」是也；例如彼精進通於餘五度而。

대세지보살

제 10 장

오직 염불을 찬탄하심

인연에 응해서 임시의 모습을 나타내신 아미타불이
염불행자를 마중 오셔서 경을 듣는 것 등을 칭찬하지 않으시고
오직 염불한 것만을 칭찬하셨다는 것을 설한 글.

관무량수경에서는 다음과 같이 말하고 있다.

대승의 경전만은 비난을 하지 않지만, 그 외의 다른 일이라면 무슨 일이든지 서슴치 않고 비난하는 사람이 있었다. 더구나 스스로는 나쁜 일을 일삼으면서도 부끄러워할 줄 모르는 그런 우둔하고 어리석은 사람이었다. 이윽고 목숨이 다하여 임종의 순간에 이르러 올바른 도리를 가르쳐주는 사람을 만나 설법의 형식에 의해서 열두 가지로 나눈 대승의 여러 경전의 이름을 찬탄하는 것을 들을 수 있었다. 그러자 그 경전의 이름을 듣는 것만으로 천겁(千劫)이라는 장시간에 걸쳐 거듭 거듭 지어온 무거운 업보를 제거할 수 있었다. 또 훌륭한 지혜를 가진 사람이 합장하는 법을 가르쳐 주고 나무아미타불(南無阿彌陀佛)을 부르도록 하였다. 부처님의 이름을 부르는 것에 의해서 오십억겁(五十億劫) 동안이나 번뇌의 세계를 헤매며 지어온 무거운 죄가 없어지게 되었다.

그때 아미타불은 관세음보살, 대세지보살 두 보살과 함께 염불행자 앞에 나타나서 칭찬하시며 "착하도다 은혜 받은 그대여! 너는 부처의 이름을 불렀기 때문에 모든 죄가 사라졌다. 그래서 나는 너를 맞이하기 위해서 왔노라"라고 하셨다.

선도(善導)대사의 관경소(觀經疏) '산선의(散善義)'에서도 다음과 같이 설하고 있다. 경전의 이름을 듣고 부처의 이름을 부르는 것에 대해서 아미타불은 오직 부처의 이름을 부르는 것만을 칭찬하시고, "나는 너를 맞이하러 왔다"라고 하셨다. 즉(卽) 거기에는 많은 경을 듣는 것에 대해서는 아무 말씀도 하지 않으셨다.

아미타부처님 서원의 본의를 생각해 보면 마음을 바르게 해서 오로지 아미타부처님 이름을 부르는 것만을 권하셨다. 정토에 왕생하는 본지(本旨)는 마음이 흔들리기 쉬운 다른 행위와는 비교가 되지 않을 만큼 간단하고 신속한 것이다.

관무량수경과 다른 많은 경전 속에 설해져 있는 것처럼 아미타부처님의 이름을 부르는 것을 칭찬하시고, 이것이야말로 번뇌의 세계에서 벗어나 큰 은혜를 입을 수 있는 가르침이라고 권하셨던 것이다. 이것을 잘 이해하여야 한다. 생각하건대 많은 경을 듣는 것은 좋은 일이기는 하지만 부처의 본원은 아니다. 경을 듣는 것은 많은 수행 가운데 하나이나 염불은 미타(彌陀)의 본원이기 때문에 부처님은 칭찬하신 것이다. 그것뿐만 아니라 경의 이름을 듣는 것과 염불하는 것에는 죄가 소멸하는 정도에도 차이가 있다.

《觀無量壽經》雲：或有眾生，作眾惡業，雖不誹謗，方等經典，如此愚人，多造眾惡，無有慚愧，命欲終時，遇善知識，爲說大乘十二部經首題名字，以聞如是諸經名故，除卻千劫極重惡業。智者複教，合掌叉手，稱南無阿彌陀佛，稱佛名故，除五十億劫生死之罪。爾時彼佛，即遣化佛、化觀世音、化大勢至，至行者前，贊言善男子，汝稱佛名故，諸罪消滅，我來迎汝。

同經《疏》雲：所聞化贊，但述稱佛之功，我來迎汝，不論聞經之事。然望佛願意者，唯勸正念稱名，往生義疾，不同雜散之業。如此經及諸部中，處處廣歎，勸令稱名，將爲要益也。應知。

私雲：聞經之善非是本願，雜業故化佛不贊。念佛之行是本願，正業故化佛贊歎；加之聞經與念佛，滅罪多少不同也。

대세지보살

그것에 대하여 관경소(觀經疏) 산선의(散善義)에서 다음과 같이 설명하고 있다.

질문함이라.

어째서 12종(種)으로 나누어진 여러 대승 경전의 이름을 듣는 것으로는 그저 천겁(千劫) 동안 지어온 죄가 사라지는 것에 불과한데, 단 한번만 부처님의 이름을 부르는 것만으로도 오백만겁(五百萬劫)에 이르는 죄가 사라질 수 있단 말인가?

대답함이라.

죄가 많은 사람은 깨침을 얻기 위한 장해(障害)도 많고 게다가 죽음의 고통이 그를 괴롭힌다. 그때 훌륭한 사람이 아무리 많은 경을 설하고 들려준다 하여도 그 가르침을 잘 음미해서 받아들일 만큼 마음이 안정되어 있지 않으므로 아무 소용이 없다. 이렇게 마음이 안정되어 있지 않고 산란하기 때문에 죄가 사라진다 해도 아주 조금밖에 사라지지 않는다.

그러나 아미타부처님의 이름은 단 하나이므로 그 이름을 부르는 행위는 산란한 기분을 억누르고 마음을 한 곳에 집중시킬 수 있다. 또 마음을 바르게 하여 아미타부처님의 이름을 부를 수도 있다. 이렇게 마음이 차분하게 안정되어 있기 때문에 오랫 동안 지어온 죄를 간단하게 없앨 수 있는 것이다. 그러나 무엇보다도 중요한 것은 아미타부처님의 본원력(本願力)에 의해서 유정(有情) 다겁(多劫)의 중죄가 녹아지는 것이다.

《觀經疏》雲：

問曰：何故聞經十二部，但除罪千劫；稱佛一聲，即除罪五百萬劫者，何意也？

答曰：造罪之人障重，加以死苦來逼，善人雖說多經，餐受之心浮散，由心散故，除罪稍輕。又佛名是一，即能攝散以住心；複教令正念稱名，由心重故，即能除罪多劫也。

대세지보살

제 11 장

염불행자를 칭찬하심

여러 가지 착한 행위에 따라
염불할 것을 찬탄한 글.

관무량수경에 다음과 같이 설하고 있다.

만일 염불하는 사람이 있다면 그 사람은 여러 사람들 중에서 백연화(白蓮華)와 같은 훌륭한 사람이다. 관세음보살, 대세지보살 두 보살은 이 사람의 좋은 친구가 되어 주신다. 이렇게 염불하는 사람은 깨우침을 얻어 부처의 경지에 도달하기 때문에 많은 부처가 살고 있는 곳 즉, 서방정토 극락세계에 왕생할 수 있다.

관경소(觀經疏) 산선의(散善義)에서는 다음과 같이 설하고 있다.

경에서 설하는 "만일 염불하는 사람이 있다면"에서부터 "많은 부처가 살고 있는 곳, 즉 정토에 왕생할 수 있다"까지는 올바른 염불삼매(念佛三昧)의 행위나 은혜가 다른 그 어떤 행위보다 훌륭하기 때문에 사실 그것들과는 비교할 수조차 없다는 것을 나타낸 것이다.

이 문장은 다음과 같은 다섯 가지의 의미가 있다.

제1은 오로지 아미타불의 이름을 부르는 것을 증명하셨다.

제2는 아미타불의 이름을 부르는 사람을 칭찬하셨음을 증명하셨다.

제3은 만일 쉬지 않고 염불하는 자가 있다면 이 사람이야말로 아주 귀한 사람이다. 다른 사람과는 비교할 수 없을 정도이기 때문에 흰 연꽃에 비유하여 그 훌륭함을 증명하셨다. 흰 연꽃에 비유함은 꽃 중의 귀한 꽃이요, 가장 훌륭한 꽃이요, 아름다운 꽃이므로 꽃 중의 꽃이라고 할 수 있다. 이 꽃은 옛부터 중국에서는 거북이가 천년(千年) 동안이나 이 꽃 위에서 놀았다는 이야기가 전해져와 이 꽃은 채화(蔡華)와 같다고 부르고 있다. 만일 염불하는 사람이 있다면 이 사람은 사람 중의 호인(好人)이요, 사람 중의 묘호인(妙好人)이요, 사람 중의 훌륭한 사람이요, 사람 중의 희유(希有)한 사람이요, 사람 중의 최승인(最勝人)이다.

제4는 미타(彌陀)의 명호를 오로지 부르는 자에게는 관세음보살, 대세지보살 두 보살이 그림자처럼 항상 따라다니며 마치 친한 친구 혹은 올바른 도리를 가르쳐 주는 사람처럼 지켜주신다는 것을 증명하셨다.

제5는 이 세상에서 이미 이러한 은혜를 입어 목숨이 다했을 때 곧바로 많은 부처님들이 계시는 곳으로 들어갈 수 있다. 즉 정토에 왕생할 수 있는 것이다. 정토에 가면 오랫 동안 법을 들을 수 있고 많은 불국토를 거닐면서 부처님을 가까이 모실 수 있다. 정토에 왕생할 수 있는 원인이 되는 수행을 빠짐없이 이룩하여 그 결과로써 왕생을 달성할 수 있다. 그래서 진리를 터득해서 부처의 경지에 도달하는 것은 그렇게 먼 미래의 일이 아니라는 것을 증명하셨다.

《觀無量壽經》雲：若念佛者，當知此人，是人中芬陀利華；觀世音菩薩、大勢至菩薩，爲其勝友；當坐道場，生諸佛家。

同經《疏》雲：從若念佛者，下至生諸佛家以來，正顯念佛三昧功能超絕，實非雜善得比類，即有其五：

一明專念彌陀佛名。

二明指贊能念之人。

三明若能相續念佛者，此人甚爲希有，更無物可以方之，故引芬陀利爲喻。言「芬陀利」者，名人中「好華」，亦名「希有華」，亦名人中「上上華」，亦名人中「妙好華」；此華相傳名蔡華是。若「念佛者」，即是人中「好人」，人中「妙好人」，人中「上上人」，人中「希有人」，人中「最勝人」也。

四明專念彌陀名者，即觀音勢至，常隨影護，亦如親友知識也。

五明今生既蒙此益，舍命即入諸佛之家，即淨土是也。到彼長時聞法，曆事供養，因圓果滿，道場之座豈賒。

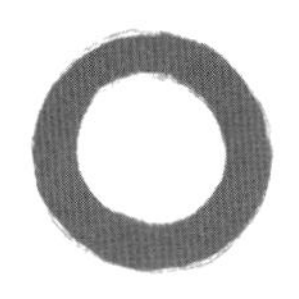

질문함이라.

관무량수경에 "만일 염불하는 사람이 있다면"이라고 말하고, 오직 염불하는 사람만을 칭찬하였다. 그런데 선도대사(善導大師)는 "다른 여러 수행과는 비교할 수 없는 뛰어난 힘을 가지고 있다"라고 말하고 있다. 어째서 다른 여러 잡선(雜善)과 상대적으로 나열해서 오직 염불행만 칭찬하셨는가?

대답함이라.

경문 속에 숨겨져 있는 의미는 명료하다. 왜냐하면 이 경은 이미 정선(定善)과 산선(散善)과 염불행을 설하였는데, 그중에서도 오직 염불에만 초점을 모아 흰 연꽃에 비유하였기 때문이다. 다른 여러 잡선(雜善)과 비교하지 않는다면 어떻게 염불행이 다른 많은 잡선보다 뛰어나다는 것을 나타낼 수 있단 말인가? 비교해 보았기 때문에 비로소 염불하는 사람은 인중(人中) 호인(好人)이라는 것을 알 수 있는 것이다. 이것은 열악한 행위를 하는 자와 비교해서 칭찬한 말이다. 그리고 사람 중에서도 묘호인(妙好人)이란 것은 조악(粗惡)한 행위를 하는 자와 비교해서 칭찬한 말이고, 상상인(上上人)이라는 것은 가장 뒤떨어진 사람과 비교해서 칭찬한 말이다.

또 사람 중에서 드문 사람[希有人]이란 것은 언제 어디서나 흔히 볼 수 있는 사람과 비교해서 칭찬한 말이고, 최승인(最勝人)이라고 하는 것은 가장 가치 없는 사람과 비교해서 높이 칭찬한 말이다.

私問曰 : 《經》 雲 : 「若念佛者, 當知此人」 等, 雖約念佛者而贊歎之, 釋家何有雲 : 「實非雜善, 得爲比類」, 相對雜善, 獨歎念佛乎?

答曰：文中雖隱，義意是明。所以知者，此經既說，定散諸善，並念佛行；而於其中，獨標念佛，喻芬陀利。非待雜善，雲何能顯念佛功超餘善諸行，然則「念佛者，即是人中好人」者，是待惡而所美也。言「人中妙好人者」，是待粗惡而所稱也。言「人中上上人」者，是待下下而所贊也。言「人中希有人」者，是待常有而所歎也。言「人中最勝人」者，是待最劣而所褒也。

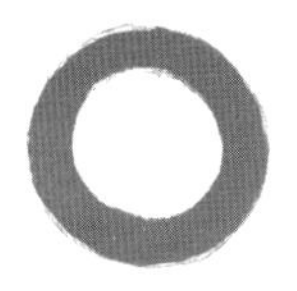

질문함이라.

염불을 가장 훌륭한 실천행이라고 한다면 왜 관경(觀經)에 구종(九種)의 단계 가운데 최상인 상품상생(上品上生)에서 설하지 않고, 제1 낮은 하품하생단(下品下生段)에서 비로소 염불을 설하고 있는가?

대답함이라.

제4장에서 염불행은 구품(九品) 중 그 어느 품(品)에도 널리 포함된다고 설명하지 않았는가? 제4장에서 인용한 왕생요집(往生要集)에서는 "사람의 승열(勝劣)에 따라 구품(九品)으로 나눈 것이다"라고 하는 것이 바로 이것이다. 그뿐만이 아니라 하품하생(下品下生)자라는 것은 부모나 성자를 죽이고 부처님의 몸에 상처를 입혀 피를 흘리게 하거나 평화로운 교단을 어지럽히는 다섯 가지의 중죄를 범한 자를 가리킨다. 따라서 이러한 중죄를 없애기 위해서는 그 어떠한 수행에 의해서도 불가능하다. 오직 염불의 힘에 의해서만

이 이 무거운 중죄를 소멸할 수 있는 것이다. 그래서 극악한 최하의 사람을 위해서 가장 훌륭한 최상의 법을 설하셨다.

예를 든다면, 모든 병의 근원이 되는 무명(無明)의 병은 마음 가운데 있어 그것을 치료하는 것은 진실한 중도(中道)의 길이다. 즉 육신에 병의 근본을 치료하려면 오장육부(五臟六腑)의 귀중한 부분을 치료하는 약이 아니면 고칠 수 없다는 것과 마찬가지이다. 지금 여기에서 말하는 오역(五逆)의 중죄는 중병의 근본 연원(淵源)이고 염불은 오장육부와 같이 중요한 부분을 치료하는 영약(靈藥)이다. 이 염불이 아니고서 어찌 중죄를 범한 중병을 고칠 수 있단 말인가?

그래서 홍법(弘法)대사의 이교론(二敎論)에서도 육바라밀경(六波羅蜜經)을 인용하여 다음과 같이 설하고 있다.

제3 법보(法寶)라는 것은 과거에 많은 부처가 설하신 정법(正法)과 지금 내가(석존) 설하고 있는 것을 말한다. 소위 팔만사천이나 되는 훌륭한 법을 모은 것으로 이것에 의해서 인연이 깊은 사람들은 심신을 바르게 하여 진리를 터득할 수 있는 기회를 완전히 얻을 수 있다. 더구나 아난다 등 많은 불제자들은 이 법을 한번 들으면 잊지 않고 모두 기억해서 체득해 버린다.

이 법들을 모두 총괄(總括)해서 다섯 가지로 분류하면 제1 수다라(修多羅), 제2 비나야(毘奈耶), 제3 아비달마(阿毘達磨), 제4 반야바라밀다(般若波羅蜜多), 제5 다라니문(陀羅尼門)이다. 이것을 오장

(五藏)이라고 해서 모든 사람들을 교화하며 능력에 따라 여러 가지로 설하고 있다.

만일 산이나 숲속 등 한적한 곳에서 마음을 고요히 하고 오로지 하여 정신을 집중시키고 수행하고 싶은 자가 있으면 그 사람을 위한 경 즉 수다라(修多羅)을 설한다. 그리고 만일 규율에 맞춘 올바른 기거(起居)를 배우고 정법을 호지(護持)하고 사이좋게 부처님의 가르침을 지키며 언제까지라도 이 가르침을 후세에까지 전하고 싶은 자가 있으면 그 사람을 위해서 지켜야 할 생활규범인 율(律) 즉, 비나야장(毘奈耶藏)을 설하신다. 또 정법을 설하고 진실의 본체나 상대적 현상의 상태를 분석하고 되풀이해서 검토하며 깊은 진리를 밝히고 싶은 자가 있으면 그 사람을 위해서는 분석적 논의와 그 해석법을 의미하는 아비달마장(阿毘達磨藏)을 설한다. 또 대승에서 설하고 있는 진실한 지혜를 닦아 자기나 사상(事象)에 실체가 있다고 집념하거나 또는 잘못된 생각에서 벗어나기를 원하는 자가 있으면 그 사람을 위해서는 진실한 지혜의 완성 즉 반야바라밀다(般若波羅蜜多) 장(藏)을 설한다. 또 법을 설법한 경과 규율을 설법한 율과 논의(論議)를 설법한 논과 진실한 깨침의 지혜를 설법한 반야(般若)의 가르침을 체득할 수가 없거나 또는 모든 악보(惡報)를 초래하는 행위인 사중(四衆) 팔중(八衆) 오무간죄(五無間罪)와 대승의 경전을 비난하거나 성불할 수 없는 일천제(一闡提) 등 종종(種種)의 중죄를 지었지만 어떻게 해서든지 이러한 중죄를 없애고 조속(早速)히 해탈해서 곧 열반에 들어가기를 원하는 자가 있다면 그 사람을 위해서는 재액(災厄)을 제거하는 주술(呪術) 즉 다라니(陀羅尼) 장(藏)을 설법할 것이다.

이 오법장(五法藏)을 비유하면 우유의 오종의 정제법(精製法)과 같다. 즉 유(乳) 락(酪) 생소(生酥) 숙소(熟酥) 및 뛰어난 제호(醍醐)의 오미(五味)에 해당한다. 경은 유(乳)와 같은 단계이고, 율(律)은 락(酪)과 같은 단계이며, 논은 생소(生酥)와 같은 단계이고, 대승의 진실한 지혜인 반야는 숙소(熟酥)와 같은 단계이고 다라니(陀羅尼)문(門)은 제호(醍醐)와 같은 단계다 제호의 맛은 우유를 정선(精選)한 것 중에서는 특히 미묘한 맛을 가지고 있어 가장 뛰어나다. 모든 병을 없애고 많은 사람들의 심신을 안락하게 할 수 있다. 다라니(陀羅尼)는 경이나 오장(五藏) 중에서도 가장 뛰어난 것이다. 중죄를 없애고 많은 사람들을 번뇌의 세계에서 해방시키며 신속하게 열반(涅槃)이라는 안락한 부처의 경지에 들어갈 수 있게 한다. 이 중에서 오무간죄(五無間罪)라는 것은 앞에서 말한 다섯 가지의 중죄를 말한다. 즉 제호(醍醐)와 같은 뛰어난 약이 아니면 무간지옥(無間地獄)에 떨어질 만큼 무거운 다섯 가지의 죄라는 중병은 고치기 어렵다는 것을 의미한다.

이상은 염불문(念佛門) 이외의 가르침에 대한 것인데 염불도 이것과 마찬가지이다. 정토왕생(淨土往生)에 대한 가르침 중에서 염불삼매(念佛三昧)는 역시 다라니(陀羅尼)와 같이, 또 제호의 맛과 같이 가장 뛰어난 것이다. 염불삼매가 제호의 맛과 같은 약이 아니라면 다섯 가지의 중죄라고 할 수 있는 아주 무거운 병을 치유하기 어렵다. 이것을 잘 알아야만 할 것이다.

問曰：既以念佛名「上上者」, 何故不說於上上品中, 至下下品而說念佛乎?

答曰：豈前不雲：「念佛之行, 廣亙九品」, 即前所引《往生要集》雲：「隨其勝劣, 應分九品」是也。加之下品下生是五逆重罪之人也, 而能除滅逆罪, 餘行所不堪；唯有念佛之力, 堪能滅於重罪, 故爲極惡最下之人, 而說極善最上之法。例如彼無明淵源之病, 非中道府藏之藥即不能治；今此五逆重病淵源, 亦此念佛靈藥府藏, 非此藥者, 何治此病。故弘法大師《二教論》引《六波羅蜜經》雲：「第三法寶者, 所謂過去, 無量諸佛, 所說正法, 及我今所說, 所謂八萬四千, 諸妙法蘊, 乃至調伏, 純熟有緣眾生, 而令阿難陀等, 諸大弟子, 一聞於耳, 皆悉憶持, 攝爲五分：一素咀纜, 二毗奈耶, 三阿毗達磨, 四般若波羅蜜多, 五陀羅尼門。此五種藏, 教化有情, 隨所應度, 而爲說之。若彼有情, 樂處山林, 常居閑寂, 修靜慮者, 而爲彼說素咀纜藏。若彼有情, 樂習威儀, 護持正法, 一味和合, 令得久住, 而爲彼說毗奈耶藏。若彼有情, 樂說正法, 分別性通, 循環研核, 究竟甚深, 而爲彼說阿毗達磨藏。若彼有情, 樂習大乘, 真實智慧, 離於我法, 執著分別, 而爲彼說般若波羅密多藏。若彼有情, 不能受持契經、調伏、對法、般若, 或複有情造諸惡業, 四重、八重、五無間罪、謗方等經、一闡提等, 種種重罪, 使得銷滅, 速疾解脫, 頓悟涅般, 而爲彼說諸陀羅尼藏。此五法藏, 譬如乳、酪、生酥、熟酥、及妙醍醐。契經如乳, 調伏如酪, 對法教者如彼生酥, 大乘般若猶如熟酥, 總持門者, 譬如醍醐。醍醐之味, 乳酪酥中, 微妙第一, 能除諸病, 令諸有情, 身心安樂。總持門者, 契經等中, 最爲第一。能除重罪, 令諸衆生, 解脫生死, 速證涅槃, 安樂法身。」此中五無間罪者, 是五逆罪也, 即非醍醐妙藥者, 五無間病, 甚爲難療。念佛亦然, 往生教中, 念佛三昧, 是如總持, 亦如醍醐, 若非念佛三昧醍醐之藥者, 五逆深重病, 甚爲難治。應知。

질문함이라.

만일 지금 말한 것과 같이 다섯 가지의 중죄를 범한 자가 제1 마지막인 하품하생(下品下生)자인데 제7의 하품상생자(下品上生者)는 열 가지의 가벼운 죄를 범한 자라고 설해져 있다. 그런데 어찌하여 이 사람에게 염불을 권하고 있는가?

대답함이라.

염불삼매(念佛三昧)는 그 어떠한 중죄일지라도 소멸시킬 수 있다. 하물며 가벼운 죄는 더 말할 필요가 없을 것이다. 염불 이외의 다른 수행은 그렇지 않다. 경우에 따라서는 가벼운 죄는 소멸시킬 수 있어도 무거운 죄는 소멸시킬 수 없을 때도 있다. 또는 한 가지 죄는 소멸시킬 수 있어도 두 가지 죄는 소멸시킬 수 없을 때도 있다. 그러나 염불은 그렇지 않다. 그 죄가 가볍든지 또는 무겁든지 간에 모든 죄를 녹여버리고 골고루 치유시킨다. 마치 아가타약(阿伽陀藥)이라고 불리는 영약(靈藥)이 모든 병을 낫게 하는 것과 같다. 그러므로 대승법(大乘法)에는 여러 가지 수행법이 있지만 염불은 그 가운데 최고의 수행법이므로 염불을 왕삼매(王三昧)라고 하는 것이다.

또 관경(觀經)에 정토에 왕생하는 자를 구품(九品)으로 나누어 구종(九種)의 행인(行人)이 각각 닦은 바에 의해서 구제가 된다고 설하고 있지만, 이것은 대충 분류한 의미일 뿐이다. 오역죄(五逆罪)를 범한 자일지라도 회심(廻心)하여 자기의 지은 죄를 진심으로 참회하고 정토에 왕생하기를 발원하고 염불한다면, 제1 뛰어난 상품상생(上品上生)에 태어날 수가 있다. 차원이 높은 경전을 읽는다 할지라도 제1 낮은 하품하생(下品下生)에 태어날 수도 있는 것이다. 십악(十惡)의 중죄를 범한 사람이나 또는 가벼운 죄를 범한 사람일지라도 경우에 따라서는 상품(上品)의 단계에 또는 하품하생(下品下生)의 단계에 태어날 수도 있는 것이다. 즉 최승(最勝)의 진실한 도리를 체득한 자나 이제 막 보리심을 발한 자도 역시 상하품(上下品)에 공통 되는 면을 가지고 있다. 이러한 것은 일법(一法)에 각기 구품(九品)이 있고 구품(九品)에는 구종(九種)의 단계가 있으니 구구(九九)는 팔십일종(八十一種)이 있다는 것이 된다.

가재법사(迦才法師)의 정토론(淨土論)에서는 사람들이 왕생을 원하는 행을 일으킴에도 천차만별(千差萬別)이듯이 왕생해서 정토를 보는 것도 천차만별이라고 하였다. 어쨌든 구종(九種)으로 나눈 경문의 내용을 보고서 인간의 행위나 성질이 확실하게 구분되는 것이라고 고정화해서 생각해서는 안 된다. 이와 같이 여러 가지 수행이 설해져 있지만 그 중에서도 염불이야말로 뛰어난 행이므로 흰 연꽃과 같이 훌륭하다고 비유하였다. 이 비유의 의미를 깊이 잘 알아야 할 것이다. 뿐만 아니라 염불삼매(念佛三昧)는 그 어떠한 중죄일지라도 소멸시킬 수 있다. 하물며 가벼운 죄는 더 말할 필요가 없을 것이다. 염불 이외의 다른 수행은 그렇지 않다. 경우에 따라서는 가벼운 죄는 소멸시킬 수 있어도 무거운 죄는 소멸시킬 수 없을 때도 있다. 또는 한 가지 죄는 소멸시킬 수 있어도 두 가지 죄는 소멸시킬 수 없을 때도 있다. 그러나 염불은 그렇지 않다. 그 죄가 가볍든지 또는 무겁든지 간에 모든 죄를 녹여버리고 골고루 치유시킨다. 마치 아가타약(阿伽陀藥)이라고 불리는 영약(靈藥)이 모든 병을 낫게 하는 것과 같다. 그러므로 대승법(大乘法)에는 여러 가지 수행법이 있지만 염불은 그 가운데 최고의 수행법이므로 염불을 왕삼매(王三昧)라고 하는 것이다. 수행하는 자는 왕생할 수 있는지 어쩐지는 정해져 있지 않다.

선도대사(善導大師)가 염불하는 자에 대하여 사람 가운데 호인(好人)이라는 등 다섯 가지의 칭찬하는 말을 하셨는데 더욱 관세음보살, 대세지보살의 이대(二大) 보살이 그림자처럼 따라다니며 지켜주신다는 것은 이 현세에서 받을 수 있는 큰 은혜다. 또 정토에 왕생해서 부처가 되는 것은 미래에 받는 큰 은혜다.

도작선사(道綽禪師)는 단 하나 염불행은 처음과 끝이라는 두 가지의 은혜가 있다고 말씀하셨다. 안락집(安樂集)에서 말하기를 염불하는 사람에게 부처님의 광명이 비추어 한 사람도 빠뜨리는 일이 없이 다 구제해 주신다.[염불중생 섭취불사(念佛衆生攝取不捨] 이 사람의 목숨이 다하면 반드시 서방정토에 왕생한다. 이것을 처음의 은혜라고 한다. 마지막 은혜라는 것은 관음보살수기경(觀音菩薩授記經)에 의하면 아미타불이 서방정토에 조재영겁(兆載永劫) 동안 계시다가 반열반(般涅槃)에 드셨을 때 관세음보살, 대세지보살의 이대(二大) 보살만이 서방정토에 머물면서 시방세계의 사람들을 이끌어 안내하신다. 다만 아미타불이 반열반(般涅槃)에 드셨어도 옛과 조금도 변함이 없다.

그러나 정토에 살고 있는 사람들도 모두 부처를 만날 수는 없는데 오직 일향(一向)으로 열심히 아미타불을 불러서 왕생한 자만은 항상 아미타불이 눈앞에 계셔서 사라지는 일이 없다. 이것이 마지막 은혜이다. 이것으로 잘 알 수 있듯이 염불은 이와 같이 현재와 미래에 걸친 처음과 마지막의 은혜이다. 이것을 잘 알아야 한다.

問曰 : 若爾者, 下品上生, 是十惡輕罪之人, 何故說念佛乎?

答曰：念佛三昧，重罪尚滅，何況輕罪哉！餘行不然，或有滅輕而不滅重，或有消一而不消二。念佛不然，輕重兼滅，一切遍治；譬如阿伽陀藥，遍治一切病，故以念佛爲王三昧。凡九品配當是一往義。五逆回心，通於上上；讀誦妙行，亦通下下；十惡輕罪，破戒次罪，各通上下；解第一義，發菩提心，亦通上下。一法各有九品，若

約品即九九八十一品也。加之迦才雲：「衆生起行，即有千殊，往生見土，亦有萬別也。」莫見一往文而起封執。

其中念佛，是即勝行。故引芬陀利，以爲其喻，譬意應知。加之念佛行者，觀音勢至，如影與形，暫不舍離，餘行不爾。

又念佛者，舍命已後，决定往生，極樂世界，餘行不定。

凡流五種嘉譽，蒙二尊影護，此是「現益」也。亦往生淨土，乃至成佛，此是「當益」也。

又道綽禪師於念佛一行，立「始終兩益」。《安樂集》雲：念佛衆生，攝取不舍，壽盡必生，此名「始益」。言「終益」者：依《觀音授記經》雲：阿彌陀佛，住世長久，兆載永劫，亦有滅度，般涅槃時，唯有觀音、勢至，住持安樂，接引十方，其佛滅度，亦與住世時節等同，然彼國衆生，一切無有睹見佛者，唯有一向專念阿彌陀佛往生者，常見彌陀，現在不滅，此即是其終益也。

當知念佛，有如此等，「現當」二世，「始終」兩益，應知。

대세지보살

제 12 장

아미타불의 명호만을 부촉하시다

석존은 정선(定善) 산선(散善)의 제행(諸行)을
부촉하시지 않으시고
오직 염불일행(一行)만을 아난에 부촉하셨다는 글.

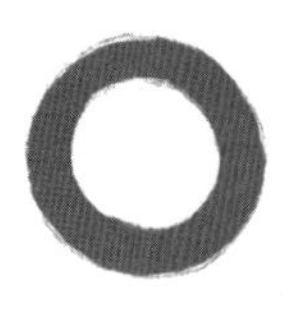

관무량수경에서 다음과 같이 설하고 있다.

부처님께서 아난을 향하여 "너는 이 말을 후세까지 잘 전하여라" 하셨다. '잘 전하라'고 하는 것은 무량수불(無量壽佛)의 이름을 전지(傳持)하라는 말이다.

관경소(觀經疏) 산선의(散善義)에는 다음과 같이 설하고 있다.

경 속의 부처님은 아난에게 고(告)하였다. "너는 이 말을 후세까지 잘 전지하여라"에서부터 그 이하의 문(文)은 아미타불의 이름을 전하여 가져서 먼 후세까지 빠짐없이 골고루 행할 수 있도록 하라는 것을 분명하게 밝히신 것이다.

지금까지는 정선(定善) 산선(散善)이라는 두 가르침에 이익이 있다고 설하였지만 부처님의 본원에 비춰보면 석존이 이 경을 설하신 본의는 사람들에게 일향(一向)으로 열심히 아미타불의 이름을 부르게 하는데 있었던 것이다.

곰곰이 선도(善導)의 주석서(注釋書) 글을 생각해 보면 두 가지의 실천방법으로 나눌 수 있다.

첫째는 정선(定善) 산선(散善)이고, 둘째는 염불이다.

첫 번째의 정선(定善)은 잡념(雜念)을 버리고 마음을 집중시키는 선(善)을 말하고, 산선(散善)은 산란한 마음으로 행하는 선(善)을 말한다.

먼저 정선(定善)에 대해서 말하면 십삼종(十三種)의 방법이 있다.

❶제1은 태양(太陽)에 정신을 집중하여 관하는 일상관(日想觀).

❷제2는 물(水)에 정신을 집중시켜 관하는 수상관(水想觀).

❸제3은 정토의 대지(大地)에 정신을 집중시켜 관하는 지상관(地想觀).

❹제4는 정토에 있는 칠보(七寶)로 만들어진 수목(樹木)에 정신을 집중시켜 관하는 보수관(寶樹觀).

❺제5는 정토에 있는 보배의 연못[寶池]에 정신을 집중시켜 관하는 보지관(寶池觀).

❻제6은 정토에 있는 보배의 누각에 정신을 집중시켜 관하는 보루각관(寶樓閣觀).

❼제7은 부처님이 앉아 계시는 아름다운 연화(蓮華)의 대(台)에 정신을 집중시켜 관하는 화좌관(華座觀).

❽제8은 부처님의 뛰어난 상호(相好)를 조각(彫刻)한 불상의 모습에 정신을 집중시켜 관하는 상상관(像想觀).

❾제9는 아미타불의 진신(眞身)에 정신을 집중시켜 관하는 아미타불관(阿彌陀佛觀).

⑩제10은 관세음보살에게 정신을 집중시켜 관하는 관음관(觀音觀).

⑪제11은 대세지보살에게 정신을 집중시켜 관하는 세지관(勢至觀).

⑫제12는 드디어 정토에 구제가 되었을 때 스스로의 모습을 관하는 보왕생관(普往生觀).

⑬제13은 정토의 여러 가지 모습에 정신을 집중시켜 관하는 잡상관(雜想觀)이다.

자세한 것은 관무량수경에 설해져 있다. 이 13종의 관법(觀法) 가운데 단 하나라도 자기의 힘에 따라 수행한다면 왕생할 수 있다. 이것은 경에서 설한 대로이므로 결코 의심해서는 안 된다.

《觀無量壽經》雲：佛告阿難, 汝好持是語, 持是語者, 即是持無量壽佛名。

同經《疏》雲：從佛告阿難, 汝好持是語已下, 正明付囑彌陀名號, 流通於遐代。上來雖說定散兩門之益, 望佛本願, 意在衆生, 一向專稱, 彌陀佛名。

私雲：案疏文有二行, 一定散, 二念佛。初言定散者, 又分爲二：一定善, 二散善。

初就「定善」有其十三：一者日想觀, 二者水想觀, 三者地想觀, 四者寶樹觀, 五者寶池觀, 六者寶樓閣觀, 七者華座觀, 八者像想觀, 九者阿彌陀佛觀, 十者觀音觀, 十一者勢至觀, 十二者普往生觀, 十三者雜想觀。具如經說, 縱令無餘行, 或一或多, 隨其所堪, 修十三觀, 可得往生。其旨見經, 敢莫疑慮。

다음은 산선(散善)인데 둘로 나눌 수 있다. 하나는 삼복(三福)이요, 둘은 구품(九品)이다.

첫째 삼복(三福)이라고 하는 것은 관무량수경에서 다음과 같이 설하고 있다.

제1은 부모에게 정성을 다하여 효도하고[孝養父母], 스승을 공손한 마음으로 받들며[奉事師長], 자비로운 마음으로 산 생명을 죽이지 않으며[慈心不殺], 열 가지의 착한 선행을 쌓는다[修十善業].

제2는 불법승(佛法僧)의 삼보에 귀의해서[受持三歸], 지켜야 할 모든 계행을 다 지키며[具足衆戒], 일상의 규율과 위의를 어기는 일이 없도록 한다[不犯威儀].

제3은 깨달음을 원하는 마음 즉 보리심을 일으켜서[發菩提心], 원인과 결과를 깊이 믿으며[深信因果], 대승의 경전을 독송하며[讀誦大乘], 사람들에게 이러한 부처님의 가르침을 행하도록 권한다[勸進行者].

이상이 경에서 설하고 있는 경문이다. 부모에게 정성을 다하여 효양(孝養)한다는 것에도 두 가지의 의미가 있다. 하나는 세속에서 말하는 효양이고 또 하나는 세속을 초월한 효양이다. 세상에서 말하는 효양이란 중국의 효경(孝經) 등에서 설하고 있는 보통 세간적인 효행이다. 세속을 초월한 효양이란 불도를 구하고 있는 자가 지켜야 할 생활규범인 율 속에 부모를 섬기는 일이다. 즉 참으로 부모를 잘 모시는 길은 불교를 믿도록 권하고 부처님의 법을 공손히 받들도록 하는 길이다.

은사(恩師)를 공손하게 모신다는 것에도 두 가지의 의미가 있다. 하나는 세속에서 말하는 은사를 말하며, 또 하나는 세속을 초월한 은사를 말한다. 세속에서 말하는 은사는 인의예지신(仁義禮智信) 등 세상의 일반적인 도덕을 가르치는 스승이다. 세속을 초월한 스승이란 성도문(聖道門) 정토문(淨土門) 등 불도를 가르쳐 주는 스승을 의미한다. 비록 다른 여러 수행을 하지 않아도 부처님의 가르침을 따라 열심히 효양하고 공손히 모시는 것도 왕생의 업이 된다.

자비로운 마음으로 살생하지 않고 열 가지의 착한 선업(善業)을 닦는다는 것도 두 가지의 의미가 있다.

제1의 자비로운 마음으로 살생하지 않는다는 것은 사무량심(四無量心) 중의 맨 처음인 셀 수 없을 만큼 많은 사람들에게 자비심을 주는 것을 의미한다. 사무량심(四無量心)의 처음 한 가지를 들어 나머지 세 가지를 포함시키고 있다. 비록 다른 여러 수행을 못하더라도 부처님의 말씀을 따라 사무량심을 실천하면 이것도 왕생의 업이 된다.

다음 열 가지의 착한 업을 닦는다.

❶첫째, 살생을 하지 않는다.

❷둘째, 도둑질을 하지 않는다.

❸셋째, 사음(邪淫)을 하지 않는다.

❹넷째, 거짓말을 하지 않는다.

❺다섯째, 비단같이 꾸미는 말을 하지 않는다.

❻여섯째, 남을 험담하지 않는다.

❼일곱째, 한 입으로 두 말을 하지 않는다.

❽여덟째, 탐욕스런 마음을 갖지 않는다.

❾아홉째, 성내지 않는다.

❿열번째, 삿된 생각을 품지 않는다.

제2는 처음의 자비로운 마음으로 살생하지 않는다와 괴로움을 없애고 즐거움을 준다를 합쳐서 하나의 구(句)로 한 것이다. 처음의 자비로운 마음으로 살생하지 않는다는 것은 사무량심(四無量心) 중에서 자무량심(慈無量心)을 말하는 것이 아니고 십선(十善) 가운데 처음의 불살생(不殺生)을 말하는 것이다. 그러므로 십선행(十善行)의 일구(一句)라는 것을 잘 알 수 있을 것이다. 따라서 다른 여러 가지 행을 하지 않아도 부처님의 말씀에 따른 십선행(十善行)도 왕생의 업이 되는 것이다.

삼보에 귀의한다는 것은 불법승(佛法僧) 삼보에 귀의하는 것인데, 이것에도 두 가지의 의미가 있다. 하나는 대승의 삼보에 귀의하는 것이고, 또 하나는 소승의 삼보에 귀의하는 것이다.

중계(衆戒)를 구족한다는 것도 두 가지의 의미가 있다. 하나는 대승의 계를 지키는 것이고, 또 하나는 소승의 계를 지키는 것이다.

일상생활에 위의(威儀)를 어기는 일이 없다는 것도 두 가지의 의미가 있다. 첫째 대승에서는 팔만(八萬), 둘째로 소승에서는 삼천(三千)에 이르는 위의가 있다.

불도를 지향하는 마음 즉 보리심을 일으키는 것도 사람에 따라서 생각이 똑같지 않다.

예를 든다면, 천태종(天台宗)에서는 불교를 사종(四種)으로 나누고 있는데, 그 사종(四種)에는 제1 소승의 가르침(삼장교三藏教), 제2 소승과 대승에 공통되는 가르침(통교通教), 제3 보살의 경지에 있는 자의 특별한 가르침(별교別教), 제4 완전한 부처의 진리를 설한 가르침(원교圓教) 즉, 법화경의 경지에 서서 사종(四種) 보리심이 있다고 하였다. 자세한 것은 마하지관(摩訶止觀)에 설해져 있는 것과 같다.

진언종(眞言宗)에서는 삼종(三種)의 보리심을 세우고 있다. 제1은 괴로움에 신음하는 모든 사람을 구제하려고 원을 세워 깨달음에 나아가는 자비심이고, 제2는 모든 사물의 참된 도리를 궁구해 진실한 지혜를 얻어 깨달음에 들려는 마음이다. 제3은 원래 범부나 성자는 평등하다는 경지에 전주(傳注)하는 것으로 자기를 고양시켜 남을 인도하는 보리심의 세계다. 자세한 것은 보리심론(菩提心論)에 설해져 있다.

화엄종(華嚴宗)에도 보리심이 있다. 보리심의(菩提心義) 및 원효(元曉)의 유심안락도(遊心安樂道) 등에 설해져 있는 대로이다.

삼론종(三論宗)이나 법상종(法相宗)에서도 각각 보리심을 설하고 있다. 자세한 것은 삼론종이나 법상종을 논한 논서(論書) 등에 밝혀져 있다.

선도대사도 보리심을 주석하고 있는데, 자세한 것은 관경소(觀經疏)에서 설명하고 있다.

이와 같이 보리심을 일으킨다고 하는 말은 하나이지만 각각 종(宗)에 따라서는 그 의미가 달라질 수 있다. 그러므로 보리심이란 일구(一句)는 폭넓게 많은 경전에 설명되어 있다. 또 가르침이 명료하여 누구라도 쉽게 이해할 수 있는 현교(顯教)라든가 가르침이 심오해서 쉽게 이해할 수 없고 비밀(秘密)로 설해져 있는 밀교(密教)까지도 설하고 있다. 이러한 것이 의미하는 것은 깊고 넓기 때문에 알맞은 말로 표현해 보려고 생각해도 너무도 막막하여 진의를 파악하기는 어렵다.

원컨대 불도를 수행하는 사람들은 보리심에 대한 하나의 견해에만 사로잡혀서 다른 많은 견해를 부정해서는 안 된다. 왕생을 원하는 모든 사람들은 자기가 믿는 종(宗)의 보리심을 일으켜야 한다.

비록 다른 여러 가지 행을 하지 않더라도 보리심만으로도 왕생할 수 있는 행위가 되는 것이다.

인과를 깊게 믿음에도 두 가지의 의미가 있다. 하나는 세속에서 말하는 인과이며, 또 하나는 세속을 초월한 인과이다.

세속에서 말하는 인과라는 것은 인간의 상태를 구분한 번뇌의 세계 즉 지옥(地獄), 아귀(餓鬼), 축생(畜生), 아수라(阿修羅), 인간, 천상(天上), 육도(六道)의 경지에서 말하는 인과를 가리킨다. 이것은 정법념처경(正法念處經)에 설해져 있는 것과 같다.

세속을 초월한 인과라는 것은 불도를 걷고 있는 사성(四聖)의 경지에서 말하는 인과인데, 대승 소승의 많은 경전에 설해져 있는 대로이다.

만일 어떤 원인으로 어떤 결과를 얻을 수 있는가 하는 두 가지의 도리를 가지고서 많은 경전을 빠짐없이 받아들였다 하여도 그 해석은 학파에 따라 똑같을 수가 없다.

지금 잠시 동안 천태(天台)의 교의(敎義)에 의해서 보기로 하자.

천태에서는 석존이 일생 동안 설법하신 경전을 다섯 시기로 분류하였는데, 제1기(第一期)에 설법하신 화엄경에는 부처와 보살에 대한 인과가 설해져 있다.

제2기(第二期)에 설하신 아함경(阿含經)에는 가까이서 석존의 가르침을 듣고 그 경지를 최고로 하는 자들과 자기 혼자서 깨침을 얻는 경지의 이승(二乘)의 인과를 설하고 있다.

제3기(第三期)에 설하신 많은 대승의 경전에는 사승(四乘)의 경지의 인과가 설해져 있다.

제4기(第四期)에는 많은 반야경(般若經)을 설하셨는데, 여기에는 소승과 대승에 공통되는 경지, 또 보살의 경지에 있는 자의 특별한 경지, 그리고 부처의 완전한 경지에 대한 세 가지의 인과가 설해져 있다.

제5기(第五期)에는 법화경과 열반경을 설하셨는데, 법화경에는 부처가 되는 원인과 그 결과가 설해져 있고, 열반경에는 사승(四乘)의 인과가 설해져 있다.

그러므로 인과를 깊게 믿는다는 말 속에는 석존이 일생 동안 설법하신 경전이 골고루 망라되어 있다는 것이다. 왕생하기를 원하는 사람들은 비록 다른 여러 행은 하지 않더라도 인과의 도리를 깊게 믿는 것만으로도 왕생이 결정되는 것이다.

대승의 경전을 독송한다는 것도 두 가지로 나눌 수 있다. 하나는 경을 독송하는 것이고 또 하나는 경전을 음미(吟味)하는 것이다.

독송한다는 것에 대해 법화경에 오종법사(五種法師)를 내세우고 있는데, 그 중 경을 읽는 사람, 경을 암송하는 사람으로 나누고 있다. 그 외 셋은 경을 받아 전하고 보호하는 사람, 경의 의미를 설하는 사람, 경을 서사(書寫)하는 사람으로 나누고 있다. 또 옛부터 경에 대한 마음가짐으로 유념해야 할 열 가지가 있는 데 이러하다.

❶제1은 경을 서사(書寫)하는 일.

❷제2는 경을 공경하여 중요시하는 일.

❸제3은 경을 널리 펴는 일.

❹제4는 다른 사람이 경을 읽을 때 마음을 고요히 하여 듣는 일.

❺제5는 자기가 경을 읽는 일.

❻제6은 경을 외워 잊지 않는 일.

❼제7은 경의 의미를 분명히 이해하는 일.

❽제8은 경을 암송(暗誦)하는 일.

❾제9는 조용한 곳에서 경에 설해져 있는 도리를 깊이 생각하는 일.

❿제10은 경의 뜻을 잘 알았다면 그대로 실천하는 일이다.

대승의 경전이란 소승의 경전과 구분해서 사용한 말이다. 특별하게 하나의 경만을 가리켜 말하는 것이 아니다. 일반적으로 일체의 대승경전을 말한다. 여기서 일체라는 것도 석존의 본의가 석존이 일생 동안 설법하신 모든 경전 속에 있다는 것을 폭넓게 일컫는 말이다. 일생 동안 설하신 가르침 중에서 이미 경전으로 정리된 것도 있으며, 경전으로서 아직 정리되지 않은 것도 있다. 그리고 또 경전으로서 이미 정리된 것 중에도 불교가 이 세상에서 사라졌을 때 용왕(龍王)이 이것을 용궁(龍宮)에 숨겨두어 인간세계에 전해지지 않는 경전도 있다.

그런데 지금 중국에서 한문으로 번역되어진 경전에 대해서 말해 보면 정원신정석교목록(貞元新定釋教目錄)이라는 경전의 목록(目錄)에는 대반야경(大般若經) 육백(六百) 권(卷)에서부터 법상주경(法常住經)에 이르기까지 현교(顯教) 밀교(密教)의 대승경전의 총계(總計) 637부(部) 2,883권(卷)이나 이름이 적혀져 있다. 이렇게 많은 경전이 모두 대승경전을 독송한다는 일구(一句) 속에 들어 있는 것이다.

서방정토에 왕생하기를 원하는 행자는 각각 자기가 마음먹은 대로 법화경이나 화엄경을 독송하거나 또는 대일여래(大日如來)를 비롯한 부처, 보살이나 그 밖의 훌륭한 분들에게 기원하는 법등을 전하여 가지고 독송하거나 많은 반야경(般若經)이나 대승경전 및 열반경 등을 해설하고 옮겨 쓰거나 해도 정토에 구제되는 왕생업(往生業)이 되는 것이다. 단 이와 같이 대승의 가르침을 설한 경을 읽는 일을 정토에 구제되는 수행으로 하는 것은 정토종(淨土宗)의 소의경전인 관무량수경의 입장에서 본 것이다.

次就「散善」有二：一者三福，二者九品。

初「三福」者：《經》曰：「一者孝養父母，奉事師長，慈心不殺，修十善業；二者受持三歸，具足眾戒，不犯威儀；三者發菩提心，深信因果，讀誦大乘，勸進行者。」「孝養父母」者，就此有二：一世間孝養，二出世孝養也。世間孝養者如《孝經》等說，出世孝養者如律中生縁奉仕法。「奉事師長」者，就此又有二：一世間師長，二出世師長也。「世間師」者，教仁義禮智信等師也，「出世師」者，教聖道淨土二門等師也。縱令無餘行，以孝養奉事爲往生業也。「慈心不殺，修十善業者」，就此有二義：一者初「慈心不殺」者，是四無量心中初慈無量也，即擧初一攝後三也。縱令無餘行，以四無量心爲往生業也。次「修十善業」者，一不殺生，二不偷盜，三不邪淫，四不妄語，五不綺語，六不惡口，七不兩舌，八不貪，九不嗔，十不邪見也。二者合慈心不殺修十善業二句而爲一句。謂初慈心不殺者，此非四無量之中慈心無量，是指十善之初不殺，故知正是十善一句也。縱令無餘行，以十善業爲往生業也。「受持三歸」者，歸依佛法僧也，就此有二：一者大乘三歸，二者小乘三歸也。「具足眾戒」者，此亦有二：一者大乘戒，二者小乘戒也。「不犯威儀」者，此亦有二：一者大乘，謂有八萬；二者小乘，謂有三千。「發菩提心」者，諸師意不同也。天台即有四教菩提心，謂藏通別圓是也，具如止觀說。真言即有三種菩提心，謂行願、勝義、三摩地是也，且如菩提心論說。華嚴亦有菩提心，如彼菩提心義及《遊心安樂道》等說。三論、法相，各有菩提心，具如彼宗章疏等說，又有善導所釋菩提心，具如疏述。發菩提心，其言雖一，各隨其宗，其義不同。然則菩提心之一句，廣亙諸經，遍該顯密，意氣博遠，詮測沖邈，願諸行者，莫執一遮萬，諸求往生之人，各須發自宗菩提心。縱令無餘行，以菩提心爲往生業也。「深信因果」者，就此有二：一者世間因果，二者出世因果。「世間因果」者，即六道因果也；如《正法念經》說。「出世因果」者，即四聖因果也：如諸大小乘經說。若以此因果二法；阿含者說聲聞緣覺，二乘因果；方等諸經者，說四乘因果也。然則深信因果之言，遍普該羅於一代矣！諸求往生之人，縱令無餘行，以深信因果，爲往生業也。「讀誦大乘」者，分而爲二：一者讀誦，二者大乘。「讀誦」者即是五種法師之中，擧轉讀、諷誦二師，顯受持等三師。若約十種法行者，即是擧披讀、諷誦二種法行，顯書寫、供養等八種法行也。「大乘」者，簡小乘之言也，非別指一經，通於一切諸大乘經；謂一切者，佛意廣指一代所說諸大乘經，而於一代所說，有已結集經，有未結集經。又於已結集經，或有隱龍宮不流布人間之經，或有留天竺未到漢地之經。而今就翻譯將來之經而論之者，《貞元入藏錄》中，始自大般若經六百卷，終於法常住經顯密大乘經，總六百三十七部二千八百八十三卷也。皆須攝讀誦大乘之一句。顯西方行者，各隨其意樂，或讀誦法華以爲往生業；或讀誦華嚴以爲往生業；或受持讀誦遮那教王及以諸尊法等以爲往生業；或解說書寫般若方等及以涅槃經等以爲往生業。是則淨土宗《觀無量壽經》意也。

법연상인

그렇다면 묻겠는데, 현교와 밀교에서 설하는 주지(主旨)는 서로 다른데, 어째서 현교 속에 밀교가 들어 있다고 하는가?

그것에 대답한다면 모든 부처님의 가르침을 밀교와 현교로 크게 나누어 체계화한 입장에서 말한 것이 아니기 때문에 현교 속에 밀교를 포함시켰다는 것은 아니다. 정원신정석교목록(貞元新定釋教目錄)에서는 현교, 밀교의 경전을 구별하지 않고 똑같이 대승의 경전이라고 게재(揭載)하고 있다. 그런 의미에서 대승의 경전을 독송한다는 일구(一句) 속에 포함시키고 있다고 한 것에 불과하다.

그렇다면 다시 묻건대, 법화경에서는 석존이 설법하신 사십여년 동안 진실된 가르침은 오직 법화경에서 설하셨다고 하였다. 그렇다면 관무량수경은 법화경 이전에 설해진 경전이 된다. 그 관무량수경 속에 왜 법화경이 포함되는가?

그것에 답한다면, 포함되어 있다고 한 것은 천태종(天台宗)의 교의(教義)에서 말하는 것과 같이 법화경만이 진실한 가르침이고, 그 이외의 경전에 설해진 것은 방편으로 설하여진 권교(權教)라든가,

또 법화경만이 완전한 가르침이고 그 이외의 경전은 불완전하고 치우친 가르침이라는 등의 말은 가치 체계의 의미에서 말한 것은 아니다. 따라서 대승경전을 독송한다는 말은 석존의 생애 전후에 설해진 모든 대승경전을 말한다. 전에 설해졌다는 것은 관무량수경이 설해진 이전에 설해진 대승경전을 가리키며, 후에 설해졌다는 것은 관무량수경이 인도 왕사성(王舍城)의 궁전에서 설해진 이후에 설해진 대승경전을 가리킨다는 말이다. 그래서 이름만 대승이라고 할뿐 천태종의 체계로서 설한 임시의 가르침, 진실된 가르침 등의 의미로 선택한 것은 아니다. 그러므로 천태종에서 체계를 세운 경전 즉 화엄경, 방등경(方等經), 반야경, 법화경, 열반경 등 많은 대승경전도 함께 대승의 경전이라는 말 속에 해당하는 것이다.

또 불도를 실천하도록 권한다는 것은 정선(定善), 산선(散善)의 여러 행이나 염불삼매(念佛三昧) 등을 권하는 것을 의미한다. 다음 어지러운 마음으로 행하는 선행 즉 산선을 두 가지로 나눈 것 중에서 구품(九品)을 설명하였는데, 구품이란 것은 세 가지의 복덕[三福]을 가져오는 선행을 세분해서 아홉 가지로 나눈 것이다. 즉 정토에 태어나는 데는 성질이나 행위에 따라서 아홉 가지로 구별할 수 있는데, 그 최상인 상품상생(上品上生)의 경지를 설하면서 자비로운 마음으로 살생하지 않는다는 것은 앞에서 인용한 세속의 복덕을 나타낸 사구(四句) 중 제삼구(第三句)에 해당한다.

그리고 중계(衆戒)를 지킨다는 말은 앞에서 인용한 부처님이 정하신 계율을 지키는 것에 의해 받을 수 있는 복덕을 설한 삼구(三句) 중 제이구(第二句)에 해당한다.

역시 마찬가지로 대승의 경전을 독송한다는 말은 앞에서 인용한 대승의 가르침을 자기 스스로 행하며 남에게도 행하도록 하여서 받을 수 있는 복덕을 설한 사구(四句) 중 제삼구(第三句)에 해당한다.

그리고 여섯 가지의 대상에 정신을 집중시켜서 마음이 흔들리지 않도록 하는 육념(六念)을 수행한다는 것은 앞에서 인용한 제3의 복덕 중 제삼구(第三句)에서 말하는 의미와 같다.

또 제2의 상품중생(上品中生)의 경지를 설하면서 가르침의 의의(意義)를 잘 이해해야 한다는 말은 앞에서 인용한 제3의 복덕 중 제이구(第二句)와 제삼구(第三句)에서 말하는 의미와 같다.

제3의 상품하생(上品下生)의 경지를 설하면서 인과를 깊이 믿으며 불도를 지향하는 마음을 세운다는 것은 앞에서 인용한 제3의 복덕 중 제일구(第一句)와 제이구(第二句)에서 말하는 의미와 같다.

제4의 중품상생(中品上生)의 경지를 설하면서 오계(五戒)를 지킨다는 것은 앞에서 인용한 제2의 복덕 중 제이구(第二句)의 의미와 같다.

제5의 중품중생(中品中生)의 경지를 설하면서 또는 일일(一日) 일야(一夜) 팔재계(八齋戒)를 지킨다는 것은 앞에서 인용한 제2의 복덕 중 제일이 삼구(三句)의 의미와 같다.

제6의 중품하생(中品下生)의 경지를 설하면서 부모에게 열심히 효양(孝養)하며 세상 사람들을 사랑한다고 한 것은 앞에서 인용한 제일의 복덕을 말한 사구(四句) 중에서 제일이구(句)의 의미와 같다.

제7의 하품상생(下品上生)의 경지는 십악(十惡)이라는 무거운 죄를 지은 사람에 대한 것이다. 이 사람들은 죽음을 맞이하여 단 한 번만이라도 염불한다면 죄가 소멸해서 왕생할 수 있다.

제8의 하품중생(下品中生)의 경지는 파계(破戒)라는 무거운 죄를 지은 사람들에 관한 것인데 임종을 맞이했을 때 아미타불이 그 수행의 과보(果報)로 얻어진 진실한 불신(佛身)과 그 정토에 갖추어져 있는 덕(德)에 대해서 듣는 것만으로도 죄가 소멸되어 왕생할 수가 있다.

제9의 하품하생(下品下生)의 경지는 다섯 가지의 큰 죄를 범한 사람들에 관한 것이다. 그 사람들은 임종을 맞이했을 때 열 번 염불하면 그 죄가 사라져 왕생할 수 있다.

이 제7, 제8, 제9의 삼종(三種)의 경지에 있는 자는 평소에는 나쁜 일만 일삼으며 왕생하려는 마음조차 먹은 적이 없지만 임종을 맞이하여 처음으로 올바른 도리를 가르쳐 주는 사람을 만나 이윽고 왕생할 수 있었다.

만일 이상에서 말한 세 가지 복덕 중 어느 한 가지에 규준(規準)

을 둔다고 하면 제3의 복덕이야말로 대승의 본의를 나타낸 것이라 고 할 수 있다. 정선(定善) 산선(散善)의 의미도 대개 같다. 관경소(觀經疏) 산선의(散善義)에서 "지금까지 정선(定善) 산선(散善)의 두 가지 방법을 설하였다"고 한 것은 바로 이것을 의미한다.

다음 염불이란 것은 오로지 아미타불의 이름만을 부르는 것을 말한다. 염불의 의미는 지금까지 여러 번 설해 왔던 대로이다. 그런데 "지금 올바르게 아미타불의 이름을 전해가져 먼 후세까지 골고루 불려지도록 하라는 것을 밝힌 것이다"라는 것은 이 관무량수경에서 이미 정선(定善) 산선(散善)을 널리 설하기는 하였지만 이 두 가지의 선(善)을 후세까지 전하라고는 말씀하지 않고 오로지 염불삼매(念佛三昧)라는 일행(一行)만을 아난에게 전해 가지도록 하여 먼 후세까지 골고루 전하도록 하신 것을 의미한다.

問曰：顯密旨異, 何顯中攝密乎?

答曰：此非雲攝顯密之旨,《貞元入藏錄》中同編之, 盡入大乘經限, 故攝讀誦大乘一句也。

問曰：爾前經中何攝法華乎?

答曰：今所言攝者，非論權實偏圓等義，讀誦大乘之言，普通前後大乘諸經，前者《觀經》以前諸大乘經是也，後者王宮以後諸大乘經是也。唯雲大乘而無選權實，然則正當華嚴、方等、般若、法華、涅槃等諸大乘經也。「勸進行者」謂勸進定散諸善及念佛三昧等也。

次「九品」者，開前三福爲九品業，謂：

「上品上生」中：言慈心不殺者，即當上世福中第三句。次具諸戒行者，即當上戒福中第二句具足眾戒。次讀誦大乘者，即當上行福中第三句讀誦大乘。次修行六念者，即上第三福中第三句之意也。

「上品中生」中：言善解義趣等者，即是上第三福中第二第三意也。

「上品下生」中：言深信因果發道心等者，即是上第二福第二句意也。

「中品上生」中：言受持五戒等者，即上第二福中第二句意也。

「中品中生」中：言或一日一夜，受持八戒齋等，又同上第二福之意也。

「中品下生」中：言孝養父母，行世仁慈等者，即上初福第一第二句意也。

「下品上生」者：是十惡罪人也，臨終一念，罪滅得生。

「下品中生」者：是破戒罪人也，臨終聞佛依正功德，罪滅得生。

「下品下生」者：是五逆罪人也，臨終十念，罪滅得生。此之三品，尋常之時，唯造惡業，雖不定善散善，大概如此文，即雲「上來雖說，定散兩門之益」是也。

次「念佛」者，「專稱彌陀佛名」是也，念佛義如常。而今言「正明付囑彌陀名號流通於遐代」者，凡此經中，既雖廣說，定散諸行，即不令以定散付囑阿難流通後世；唯以念佛三昧一行，即使付囑阿難流通遐代也。

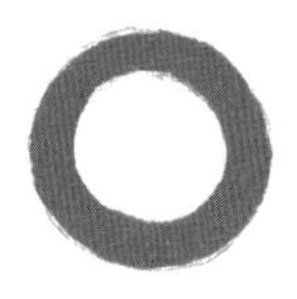

질문함이라.

어째서 정선(定善) 산선(散善)의 제행(諸行)은 후세까지 전하려고 하지 않았는가? 그것이 만약 얕음과 심원함이 있어서 얕은 것이 싫기 때문에 부촉시키지 않았다고 한다면 복덕을 입을 수 있는 삼복(三福)의 행에도 얕음과 심원이 있다는 것이 된다. 얕은 행은 부모에게 효행(孝行)하고 은사를 공손히 모시는 일이 될 것이다. 그리고 심원한 행은 많은 계를 지키고 보리심을 일으키며 인과를 깊이 믿고 대승의 경전을 독송하는 일이다. 따라서 얕은 행을 멈추고 심원한 행을 부촉시킨 것이다.

그리고 또 정신을 집중시키는데 있어서도 얕음과 심원이 있다. 얕음한 것은 일상관(日想觀)과 수상관(水想觀)이다. 심원한 것은 제3의 지상관(地想觀)에서부터 제13의 잡상관(雜想觀)까지 전부 십일관(十一觀)이 있다. 따라서 얕게 정신을 집중시키는 것을 멈추고, 심원하게 정신을 집중시키는 방법을 부촉한 것이다.

그 중에서도 제9관은 아미타불관(阿彌陀佛觀)으로 오로지 아미타부처님의 진실한 모습에 정신을 집중시키는 관불삼매(觀佛三昧)이다. 그러므로 십이관(十二觀)을 버리고 관불삼매를 부촉시켜도 좋았을 것이다. 또한 관경소(觀經疏) 현의분(玄義分)에서는 이 경은 관불삼매를 종(宗)으로 삼고 또 염불삼매(念佛三昧)를 종으로 삼는다고 설해져 있으므로 이 두 가지의 행법이 이 경의 중심이 되는 것을 알 수 있다. 그런데 어째서 관불삼매를 버리고 염불삼매(念佛三昧)만을 부촉하셨는가?

대답함이라.

관경소(觀經疏)의 산선의(散善義)에 아미타불의 본원에 비추어 보면 석존이 이 경을 설하신 본의는 사람들에게 오로지 아미타불의 이름을 부르도록 하는데 있다고 설해져 있으므로 정선(定善) 산선(散善)의 제행(諸行)은 본원이 아니므로 부촉하지 않았던 것이다. 또 이들 중 관불삼매(觀佛三昧)는 훌륭한 행법이기는 하지만 아미타불의 본원이 아니므로 부촉시키지 않았고 염불삼매(念佛三昧)는 아미타불의 본원이기 때문에 석존은 아난에게 부촉시켰던 것이다. "아미타불의 본원에 비춰보면"이란 것은 무량수경에 설해져 있는 48원 중에서 제십팔원(第十八願)을 말한다.

오직 일향(一向)으로 염불한다는 것은 무량수경의 삼배단(三輩段) 속에 있는 일향으로 열심히 염불한다는 말을 의미한다. 본원의 의미에 대해서 자세한 것은 제삼장(第三章)에서 설명한 것과 같다.

問曰：何故以定散諸行，而不付囑流通乎？若夫依業淺深，嫌不付囑，三福業中，有淺有深，其淺業者，孝養父母，奉事師長也：其深業者，具足眾戒，發菩提心，深信因果，讀誦大乘也。須舍淺業，付囑深業。若依觀淺深，嫌不付囑，十三觀中，有淺有深，其淺觀者，日想水想是也；其深觀者，始自地觀，終於雜想觀，總十一觀是也。須舍淺觀，付囑深觀。就中第九觀是阿彌陀佛觀也，即是觀佛三昧也，須舍十二觀，付囑觀佛三昧也。就中同《疏》「玄義分」中雲：「此經觀佛三昧爲宗，亦念佛三昧爲宗。」既以二行爲一經宗。何廢觀佛三昧，而付囑念佛三昧哉？

答曰：既雲：「望佛本願，意在眾生，一向專稱，彌陀佛名。」定散諸行非本願，故不付囑。亦於其中觀佛三昧雖殊勝行，非佛本願，故不付囑。念佛三昧是佛本願，故以付囑。言「望佛本願」者，指《雙卷經》四十八願中第十八願也。言「一向專稱」者，指同經三輩之中「一向專念」也。本願之義，具如前辨。

질문함이라.

만일 그렇다면 왜 바로 본원인 염불의 실천만을 설하지 않고 번거롭게 본원이 아닌 정선(定善) 산선(散善)의 여러 가지 제행(諸行)을 설했는가?

대답함이라.

본원인 염불행에 대해서는 무량수경에서 자세히 설했기 때문에 반복해서 설하지 않았을 뿐이다. 또 정선(定善) 산선(散善)을 설한 것은 염불이 다른 여러 제행(諸行)보다도 훨씬 훌륭하다는 것을 표명하기 위해서이다. 만일 정선(定善) 산선(散善)의 여러 행이 설해져 있지 않았다면 염불이 월등하게 뛰어나다는 것을 어떻게 표명할 수 있단 말인가?

예를 들어 법화경에 의하면 "많은 경들이 이미 설해졌고 지금 설해지고 있으며 후에 설해질 것"이라고 하였는데, 법화경 이전에 이미 설해진 대품반야경(大品般若經), 법화경과 같은 자리에서 지금 설해지고 있는 무량수경, 법화경보다 나중에 설해진 열반경 등에 비교하여 법화경이 뛰어남을 설하는 것과 같다.

만일 이와 같이 비교할 수 있는 대상이 없다면 어떻게 법화경이 제1의 뛰어난 경이라는 것을 표명할 수 있었단 말인가? 그러므로 지금 정선(定善) 산선(散善)의 행은 버리기 위해서 방편으로 설한 것이고 염불삼매(念佛三昧)는 세우기 위해서 방편으로 설한 것이다. 그러나 버리기 위해서 설해졌다고는 하여도 정선(定善) 산선(散善)의 행은 모두 우리가 추측하기 어려운 것을 지니고 있다. 원래 정선(定善)의 행은 닦은 바 그 과보로 얻은 불신(佛身) 즉, 아미타불이나 정토 등에 정신을 통일시킨다면 마치 거울을 보며 여러 가지 모습을 비추어 내듯이 아미타불이나 정토가 우리들 눈앞에 나타나므로 이것에 의해서 왕생하기를 원한다면 자기 손바닥을 가리키는 것처럼 손쉽게 이루어진다. 또는 십삼관(十三觀) 가운데 단 한 가지의 관상(觀想)을 잘 닦더라도 그 힘에 의해서 오랫 동안 거듭 지어온 죄를 소멸시킬 수가 있으며 십삼관을 진심으로 닦으면 드디어 관불삼매(觀佛三昧)를 성취할 수 있다. 그러므로 왕생하기를 원하는 사람은 조용히 정신을 통일시키는 법을 수행하면 좋다.

그 중에서도 특히 제9의 '아미타불의 진실한 모습에 정신을 통일시키는 법'은 관불삼매(觀佛三昧)를 성취하는 방법이다. 만일 이 수행이 달성된다면 곧바로 아미타불의 불신(佛身)을 볼 수 있다. 또 아미타불을 볼 수 있기 때문에 다른 많은 부처도 볼 수가 있다. 많은 부처를 볼 수가 있기 때문에 아미타부처님은 바로 눈앞에서 그 사람이 앞으로 부처가 된다는 것을 증명해 주신다. 이 관상(觀想)의 이익은 심원한 것이다.

그러나 관무량수경의 끝부분에는 석존이 아난에게 왕생할 수 있는 간요(肝要)한 법을 후세까지 널리 전하라고 부촉하셨는데 불신에 정신을 집중시키는 법조차도 말씀하시지 않고 염불만을 택하여 후세까지 전하라고 말씀하셨다. 이렇게 불신을 관하는 관불삼매의 법조차 부촉하지 않았는데 하물며 일상관(日想觀) 수상관(水想觀) 등의 관상법(觀想法)을 부촉하셨을 리가 있겠는가. 그럴 리가 없다. 조용하게 정신을 통일시키는 열세 가지의 법은 어느 것도 부촉되지 않은 행법이다.

그러므로 불신(佛身)을 관하면서 염불은 하지 않는다면 그것은 아미타불의 본원에 어긋나는 일이요, 아난에게 부촉하신 석존의 말씀에도 어긋나는 일이 된다. 따라서 염불행자는 이것을 잘 알아서 이해해야만 한다.

다음으로 산란한 평상의 마음으로 닦는 행[散善] 가운데는 대승과 소승의 지켜야 할 계율이 설해져 있다. 보통 세상에서는 일반적으로 계를 지키는 것은 깨우침의 경지에 들어가기 위한 중요한 것이 되기 때문에 계를 어긴 자는 왕생할 수 없다고 생각하고 있다. 또 보리심을 일으켜야 하는 것도 설하고 있다. 세상 사람들은 모두 보리심이야말로 정토에 왕생하기 위한 중요한 것이기 때문에 보리심이 없는 자는 왕생할 수 없다고 생각하고 있다.

그리고 또 가장 제일로 뛰어나고 진실한 도리를 체득하는 것에 대해서도 설하고 있는데, 이것은 이름이나 형체나 생각에 사로잡히지 않고 진여(眞如)의 도리를 체득하는 관법(觀法)이다. 사람들은 또 보편적 진리는 불법의 근원이므로 이 보편적 진리를 떠나서는 부처님의 정토를 원할 수 없으며 만일 진여(眞如)의 도리를 체득하는 관법이 없는 자는 왕생할 수 없다고 생각하고 있다.

또 대승의 경전을 독송하는 것에 대해서도 설하고 있다. 사람들은 보통 대승의 경전을 독송하면 곧바로 왕생할 수가 있으며 만일 독송한 적이 없는 자는 왕생할 수 없다고 생각하고 있다. 이것에 대해서는 두 가지의 의미가 있다.

먼저 한 가지는 지경(持經: 경을 수지하는 일)이며, 또 한 가지는 지주(持呪: 진언을 지니는 일)이다. 지경(持經)이라는 것은 반야경(般若經) 법화경 등 대승의 많은 경전을 독송하는 것을 말한다. 지주(持呪)라고 하는 것은 수래다라니경(隨來陀羅尼經) 존승다라니경(尊勝陀羅尼經) 금광명경(金光明經) 아미타고음성왕다라니경(阿彌陀鼓音聲王陀羅尼經) 등 많은 진언을 수지하여 낭송하는 것을 말한다.

산란한 마음 그대로 닦는 행[散善]은 관경(觀經)에 부모에 효행하는 일등 열한 가지가 설해져 있어 그것을 실천하는 사람들은 모두 훌륭하지만, 그 중에서도 앞에서 열거한 사종(四種)의 행 즉, 계를 지키는 일, 보리심을 일으키는 일, 도리를 바르게 이해하는 일, 대승의 경전을 읽는 일 등의 행은 더욱 더 실천해야 할 행이다. 이러한 행들이 불교의 전체를 차지하는 실천방법이라고 생각하는데 이러한 것에 의해서 염불하는 것이 소홀해진 결과가 되었다. 부처님 경전의 뜻을 잘 살펴 성찰해 보면 이러한 여러 가지 행을 후세까지 널리 전하려고 하지 않고 다만 염불행만을 후세까지 전하도록 부촉하신 것이다. 왜냐하면 다른 모든 제행(諸行)은 아미타불의 본원이 아니기 때문이다.

또 지금 말한 것처럼 선도대사(善導大師)가 관경소(觀經疏) 산선의(散善義)에서 다른 제행(諸行)을 버리시고 오직 염불행 하나로 귀일시키신 이유는 염불은 아미타불의 본원일 뿐만 아니라 역시 또 석존이 제자 아난에게 부촉하신 행이기 때문이다.

그러므로 제행(諸行)은 가르침을 받아야 할 자[根機]에 때를 잃었고 현금(現今)의 죄 많은 범부중생인 우리들에 있어서는 염불해서 왕생하는 것이 가르침을 받아야 할 자의 소질능력에 적합하며 그 시기도 오탁악세(五濁惡世)의 지금 세상에 꼭 맞는다는 것을 잘 알 수 있다. 사바세계의 괴로움에 신음하는 범부중생의 구원의 원과 자비심 깊으신 부처님의 마음이 감응하니 서로 맞지 않을 리가 있을 것인가?

이와 같이 부처님은 가지 각색의 사람들이 원하는 바 마음에 따라서 잠시 정선(定善) 산선(散善)의 실천방법의 문(門)을 열었다. 그러나 그것은 부처님의 본의가 아니므로 뒤에는 이 문(門)을 닫으셨다. 그리고 한번 열었다면 영원히 닫지 않는 문은 오직 염불이라는 일문(一門)뿐이다. 아미타부처님의 서원(本願)도, 그리고 석존이 부촉하신 본의도 역시 마찬가지로 여기에 있었다. 염불행자는 이러한 것을 잘 생각하여 이해하지 않으면 안 된다.

또 경 속에 아주 먼 미래의 시대라고 하는 것은 무량수경에 의할 것 같으면 말법(末法) 일만년(一萬年)이 지난 뒤에 백년간(百年間)을 가리킨 말이다. 이것은 '아주 먼'이라는 말 속에 가까운 시대도 포함시켜 우리를 구제하려고 하는 것임은 말할 것도 없다. 이와 같이 불법이 소멸한 시대에도 더욱 전해지는 것이 염불인데 하물며 그 전의 말법시대(末法時代)에 염불이 전지(傳持)되지 않을 수가 있겠는가? 당연히 전지되어 그 이익을 모든 사람들이 입을 수 있음은 말할 필요도 없다. 말법시대가 이렇다면 부처님의 가르침이 올바르게 전해지고 있는 정법시대(正法時代)는 말할 것도 없고 부처님의 가르침이 그 형태만 전해지고 있는 상법시대(像法時代)에도 물론 모든 사람들은 염불의 이익을 얻을 수 있다.

그래서 염불왕생하는 길은 정법시대, 상법시대, 말법시대의 삼시대(三時代)뿐만 아니라 불법이 완전히 소멸한 뒤로도 백년간 더 남게 되어 그 어떤 시대에도 통한다는 것을 잘 알 수 있을 것이다.

問曰：若爾者何故不直說本願念佛行, 煩說非本願定散諸善乎?

答曰：本願念佛行《雙卷經》中委既說之，故不重說耳。又說定散，爲顯念佛超過餘善，若無定散，何顯念佛特秀。例如法華秀三說上，若無三說，何顯法華第一。故今定散爲廢而說，念佛三昧爲立而說。但定散諸善，皆以難測，凡定善者，夫依正之觀，懸鏡而照臨；往生之願，指掌而速疾。或一觀之力，能卻多劫之罪愆；或具憶之功，終得三昧之勝利。然則求往生之人，宜修行定觀，就中第九真身觀，是觀佛三昧之法也。行若成就者，即見彌陀身，見彌陀故得見諸佛；見諸佛故現前授記，此觀利益最深也。

然今至觀經流通分，釋迦如來告命阿難，使付囑流通往生要法，嫌觀佛法而不付囑阿難，而選念佛法即以付囑阿難，觀佛三昧之法尚以不付囑，何況於日想水想等觀乎！然則十三定觀，皆是所不付囑之行也，然世人若樂觀佛等，不修念佛，此非唯遠乖彌陀本願，亦是近違釋尊付囑，行者宜商量。

次散善中有大小「持戒」行，世皆以爲持戒行者是入真要也；破戒之者不可往生。

又有「菩提心」行，人皆以爲菩提心是淨土綱要，若無菩提心者即不可往生。

又有「解第一義」行，此是理觀也，人亦以爲理是佛源，不可離理求佛土，若無理觀者不可往生。

又有「讀誦大乘」行，人皆以爲讀頌大乘經即可往生，若無讀誦行者不可往生。就此有二。一者持經，二者持咒。持經者持《般若》

《法華》等諸大乘經也，持咒者持隨求、尊勝、光明、阿彌陀佛等諸神咒也。

凡散善十一，人皆雖貴，而於其中，此「四個行」，當世之人，殊所欲之行也。以此等行，殆抑念佛。倩尋經意者，不以此諸行付囑流通，唯以念佛一行，即使付囑流通後世，應知。釋尊所以不付囑諸行者，即是非彌陀本願之故也。亦所以付囑念佛者，即是彌陀本願之故也。今又善導和尚所以廢諸行歸念佛者，非啻爲彌陀本願之行，亦是釋尊付囑之行也。故知諸行非機失時，念佛往生當機得時，感應豈唐捐哉！當知隨他之前、雖暫開定散門，隨自之後，還閉定散門；一開以後永不閉者，唯是念佛一門。彌陀本願，釋尊付囑，意在此矣，行者應知。亦此中「遐代」者，依《雙卷經》意，遠指末法萬年後之百歲之時也，是則「舉遐攝邇」也。然則法滅之後猶以然也，何況末法哉！末法已然，何況正法像法哉！故知念佛往生，道通正像末之三時，及法滅百歲之時焉。

대세지보살

제 13 장

염불행은 최고의 선근

염불이라는 행위는 많은 선(善)을 만드는 근원이며
그 외의 다른 선행은
약간의 선(善)만을 만든다는 것을 설한 글.

아미타경(阿彌陀經)에 다음과 같이 설하고 있다.

"사리불(舍利弗)아, 조그마한 좋은 일이나 복덕 인연으로는 저 서방정토 극락세계에 가서 날 수가 없다. 사리불아, 선남자 선여인이 아미타불에 대한 이야기를 듣고 하루나 이틀 혹 사흘 나흘 닷새 엿새 이레 동안을 아미타불의 명호를 가져 부르되 일심(一心)되어 산란치 아니하면 이 사람이 임종시에 목숨을 마치려 할 때에 아미타불께서 모든 거룩한 성중(聖衆)과 함께 그 사람 앞에 현현하여 나타날 것이니, 이 사람이 목숨을 마칠 적에 마음이 뒤바뀌지 아니하고 전도되지 아니하고 곧 아미타불의 서방정토 극락세계에 가서 태어날 것이다."

선도대사(善導大師)는 이 경문을 법사찬(法事讚)에서 다음과 같이 해석하고 있다.

서방정토 극락세계는 번뇌가 없는 완전한 깨우침의 세계이므로 여러 가지 소질이나 상황에 따라 변화하는 많은 선행을 한다 하여도 극락세계에 왕생하기는 어려울 것이다. 그래서 석존은 가르침

속에서 간요(肝要)한 것을 선택하여 오로지 아미타불을 염불하도록 가르치셨다. 불과 칠일칠야(七日七夜) 동안의 염불이라도 그 마음 속에 빈틈을 두지 않아야 하고 또 오랫 동안 염불함에도 역시 마음에 틈을 두지 않고 정성을 다해야만 한다. 그러면 극락세계의 성자들은 연꽃을 타고 그 사람 앞에 나타나 염불하는 사람을 금연화좌대(金蓮華座臺)에 태워 서방극락세계로 인도하신다.

염불하는 사람이 금연화좌대에 앉으면 곧바로 무생법인(無生法忍)을 얻어 확고한 경지에 들어서게 되며, 그대로 아미타부처님 앞에 모셔지게 된다. 더욱 불도를 함께 걷는 성자 연지해회(蓮池海會) 상선인(上善人)들은 서로 함께 법의(法衣)를 입혀준다. 그리하여 두 번 다시 방황하지 않고 동요하지 않는 불퇴전(不退轉)의 경지에 올라 삼현(三賢)의 경지에 들어서게 된다.

《阿彌陀經》雲：

不可以少善根福德因緣，得生彼國。

舍利弗，若有善男子善女人，聞說阿彌陀佛，執持名號，若一日，若二日，若三日，若四日，若五日，若六日，若七日，一心不亂，其人臨命終時，阿彌陀佛，與諸聖衆，現在其前。是人終時，心不顚倒，即得往生，阿彌陀佛，極樂國土。

善導釋此文雲：

법연상인

極樂無爲涅槃界 隨緣雜善恐難生

故使如來選要法 教念彌陀專複專

七日七夜心無間 長時起行倍皆然

臨終聖衆持華現 身心踴躍坐金蓮

坐時即得無生忍 一念迎將至佛前

法侶將衣競來著 證得不退入三賢

내 생각으로는 경 속에서 "조그마한 좋은 일이나 복덕인연으로는 저 서방정토 극락세계에 가서 날 수 없다"고 한 것은 염불 이외의 다른 행으로써는 극락세계에 태어나기가 어렵기 때문이다. 그래서 선도대사(善導大師)는 여러 가지 소질이나 상황에 따라서 변화하는 많은 선행을 한다 하여도 아마 왕생하기는 어려울 것이라고 하신 것이다.

"약간의 선(善)밖에 만들지 못하는 근원"이란 것은 많은 선(善)을 만드는 근원에 상대되는 말이다. 그러므로 여러 가지 선행은 약간의 선밖에 만들지 못하는 근원인 것이다. 그것에 비하여 염불은 많은 선을 만드는 근원이다.

용서정토문(龍舒淨土文) 일권(一卷)에 양양(襄陽: 중국 호북성湖北省)에 있는 석각(石刻)의 아미타경(阿彌陀經)은 수(隋)나라 시대에 진인릉(陳仁稜)이 쓴 것으로서 그 자획(字劃)이 탈속(脫俗)했고 아름답기 때문에 모든 사람들은 글자의 견본으로 하여 애호하였다. 그 문(文)에는 일심불란(一心不亂)이라는 말 다음에 "전심(專心)으로 아미타불의 이름을 부르면 모든 죄는 사라져 버린다. 즉 이것은 많은 선을 만드는 복덕을 가지고 있는 인연이다.[專持名號 以稱名故 諸罪消滅 卽是多善根 福德因緣]"라고 하였다.

그러나 이와 같이 다소의 구별이 있을 뿐만 아니라 여기에는 대소의 구별도 있다. 여러 가지 선행은 적은 선근을 만드는 근원이며 염불은 대선근(大善根)을 만드는 근원이다. 또 승열(勝劣)의 구별의 의미도 있어서 여러 잡선(雜善)은 소선근(小善根)을 만드는 근원이며 염불은 승선근(勝善根)을 만드는 근원이다. 염불행자는 이러한 의미를 잘 알아야 한다.

私雲：「不可以少善根福德因緣，得生彼國」者，諸餘雜行者，難生彼國，故雲：「隨緣雜善恐難生」。「少善根」者，對多善根之言也。然則雜善是少善根也，念佛是多善根也。故《龍舒淨土文》雲：襄陽石刻阿彌陀經，乃隋陳仁稜所書，字畫清婉，人多慕玩。自一心不亂而下雲：「專持名號，以稱名故，諸罪消滅，即是多善根福德因緣。」今世傳本脫此二十一字。

非啻有「多少」義，亦有「大小」義：謂雜善是小善根也，念佛是大善根也。亦有「勝劣」義：謂雜善是劣善根也，念佛是勝善根也，其義應知。

대세지보살

제 14 장

제불이 증명하신 염불행

갠지스 강가의 수많은 모래알 만큼이나 많은 육방(六方)의 모든 부처님들이
염불 이외의 행에 대해서는 증명하시지 않고
오직 염불만이 왕생이 정해져 있다고 증명하신 것을 설한 글.

선도대사(善導大師)의 관념법문(觀念法門)에서는 다음과 같이 말하고 있다.

또 아미타경(阿彌陀經)에 설해져 있는 것처럼 동서남북 상하의 육방(六方)에 무수한 불국토가 있어 거기에는 갠지스 강가의 모래알 만큼이나 많은 부처님들이 계시는데, 그 부처님들은 각기 혀를 내어 삼천대천세계(三千大天世界)를 다 덮으시고 진실한 말씀으로 설하셨다.

부처님이 이 세상에 계실 때나 아니면 부처님이 돌아가셔서 계시지 않을 때에도 모든 죄를 지은 범부가 마음을 돌려서 오직 아미타불의 명호를 부르며 정토에 태어나기를 원하면 위로는 백년간이나 열심히 염불한 자에서부터 아래로는 칠일(七日) 혹은 하루 동안 십성(十聲) 삼성(三聲) 일성(一聲)이라도 염불한 자에 이르기까지 모두 그 사람들이 임종을 맞이했을 때 아미타부처님은 많은 성자들과 함께 손수 마중 나오셔서 곧바로 극락세계로 접인(接引)하여 주신다.

앞에서 예를 든 육방(六方)에 계신 부처님들이 진실한 말씀으로 설하신 것은 우리들 범부중생을 위해서 증명해 주심이고, 모든 죄가 소멸되어 정토에 왕생할 수 있다는 것을 증명하신 것이다. 만일 이 증명에 의해서 왕생할 수가 없다면 육방에 계시는 부처님들이 진실한 말씀으로 설하신 혀가 일단 입에서 나왔어도 다시 입 안으로 들어가지 못하고 상처를 입어 혀는 다 없어져 버렸을 것이다.

또한 왕생예찬(往生禮讚)에서도 아미타경을 인용하여 다음과 같이 말하고 있다.

동방(東方)에 갠지스 강가의 모래알 만큼이나 많은 부처님이 계시며 남서(南西) 북방(北方) 및 상하(上下)에도 갠지스 강가의 모래알 만큼이나 많은 부처님들이 계시는데, 그 부처님들의 혀가 각각 자기 나라에서 삼천대천세계를 다 덮을 만큼[出廣長舌]의 진실한 말로 설하셨다. 너희들 모든 중생들은 모든 부처님들이 정성을 다하여 보호하시는 경을 믿지 않으면 안 된다. 왜 '정성을 다하여 보호한다'는 이름을 붙였는가 하면 비록 십성(十聲)이나 일성(一聲)일지라도 아미타불의 이름을 부르는 자가 있다면 틀림없이 서방정토 극락세계에 왕생할 수가 있는데 이것을 증명하기 때문에 정성을 다하여 보호하시는 경이라고 하신 것이다.

선도대사(善導大師)는 법사찬(法事讚)에서 다음과 같이 노래하고 있다.

육방에 계시는 무수한 부처님들 진실한 말씀으로 증명하셨네. 마음을 오로지하여 아미타불의 명호를 부르면 서방정토 극락세계에 왕생할 수 있네. 그 나라에 이르러 아름다운 꽃이 핀 것을 보고 묘법(妙法)을 들으면 성자의 경지에 갖추어야 하는 행원(行願)이 자연히 몸에 갖추어지게 되네.

또 관경소(觀經疏) 산선의(散善義)에서도 아미타경을 인용하고 있다.

또 시방에 편만(遍滿)해 있는 부처님들은 사람들이 석존 혼자서만 설하시고 증명하셨기 때문에 믿을 수 없다고 하지는 않을까 해서 석존과 같은 마음과 같은 때에 모두 혀를 내밀어서 삼천대천세계를 다 덮고 진실한 말씀으로 설하셨다.

너희들 모두는 석존이 설하시고 칭찬하시고 증명하신 가르침을 믿어야 할 것이다. 모든 범부는 자기가 지은 죄나 복덕의 많고 적음에 관계없이 또 수행시간의 길고 짧음에 관계없이 많게는 백년간이나 적게는 하루나 칠일간이라도 오직 한마음으로 정성껏 아미타불의 이름을 부르면 반드시 왕생할 수 있으므로 전혀 의심할 여지가 없다.

법사찬(法事讚)에서 또 다음과 같이 노래하고 있다.

한 생각 한 생각 끊임없이 염불하되 의심을 품어서는 안 되네. 육방의 수많은 부처님들이 거짓 없음을 증명하셨기 때문일세. 몸과 입과 뜻을 아미타불 한 소리에 모으니 번뇌는 없어지고 마음은 평화로워 백보(百寶)의 아름다운 연꽃 알맞은 때에 피어나네.

법조선사(法照禪師)의 정토오회법사찬(淨土五會法事讚)에서는 다음과 같이 칭송하고 있다.

만행(萬行) 중에 가장 먼저 서둘러야 할 중요한 가르침, 그 신속한 것은 정토문(淨土門)보다 나은 것 없네. 석존의 훌륭한 직설(直說)일 뿐 아니라 시방(十方)에 가득한 수많은 부처님들이 다함께 전하시고 증명하셨네.

善導《觀念法門》雲：又如《彌陀經》雲：六方各有恒河沙等諸佛，皆舒舌遍覆三千世界，說誠實言：「若佛在世，若佛滅後，一切造罪凡夫，但回心念阿彌陀佛，願生淨土，上盡百年下至七日一日，幹聲三聲一聲等，命欲終時，佛與聖眾，自來迎接，即得往生。」如上六方等佛舒舌，定爲凡夫作證，罪滅得生。若不能依此證得生者，六方諸佛舒舌，一出口以後，終不還入口，自然壞爛。

同《往生禮贊》引《阿彌陀經》雲：東方如恒河沙等諸佛，南西北方及上下，一一方如恒河沙等諸佛，各於本國，出其舌相，遍覆三千大千世界，說誠實言：汝等衆生，皆應信是，一切諸佛所護念經。雲何名「護念」？「若有衆生，稱念阿彌陀佛，若七日及一日，下至十聲，乃至一聲一念等，必得往生；證誠此事故名《護念經》。」

又雲：

六方如來舒舌證 專稱名號至西方

到彼華開聞妙法 十地願行自然彰

同《觀經疏》引《阿彌陀經》雲：又十方佛等，恐畏衆生不信釋迦一佛所說，即共同心同時，各出舌相，遍覆三千世界，說誠實言；「汝等衆生，皆應信是，釋迦所說、所贊、所證：一切凡夫，不問罪福多少，時節久近，但能上盡百年，下至一日七日，一心專念，彌陀名號，定得往生，必無疑也。」

同《法事贊》雲：

心心念佛莫生疑 六方如來證不虛

三業專心無雜亂 百寶蓮華應時見

法照禪師《淨土五會法事贊》雲：

萬行之中爲急要 迅速無過淨土門

不但本師金口說 十方諸佛共傳證

질문함이라.

어째서 육방(六方)에 계시는 수많은 부처님들이 틀림없다고 증명하시는 것이며, 어째서 염불일행(一行)에만 한정되어 있는가?

대답함이라.

선도대사(善導大師)의 본의를 잘 생각해보면 이것은 아미타불이 약속하신 본원이기 때문이다. 그러므로 이것은 틀림없다고 증명하신 것이고 염불 이외의 행은 아미타불이 약속하신 본원이 아니기 때문에 증명하지 않은 것이다.

私問曰 : 何故六方諸佛證誠, 唯局念佛一行乎?

答曰 : 若依善導意, 念佛是彌陀本願, 故證誠之。餘行不爾, 故無之也。

질문함이라.

만일 본원이기 때문에 염불에는 틀림이 없다고 증명하셨다면 무량수경이나 관무량수경에서도 염불에 대해서 설하실 때 틀림이 없다고 증명하셔야 되는데, 왜 증명하지 않았는가?

대답함이라.

내 생각으로는 여기에는 두 가지의 의미가 있다.

제1은 무량수경이나 관무량수경 등에서는 아미타불의 본원인 염불이 설해져 있는데, 그것과 함께 염불 이외의 행에 대해서도 설하셨기 때문에 증명하지 않으셨던 것이다. 그것에 비하여 아미타경에서는 순수하게 염불만을 설하였기 때문에 증명하셨던 것이다.

제2는 무량수경 속에는 틀림이 없다고 증명한 말은 없지만 아미타경에서는 이미 증명하셨다. 이 아미타경과 비교해서 무량수경을 추측해 보면 무량수경이나 관무량수경 등에 설해진 염불도 역시 틀림이 없음을 증명하시는 의의가 당연히 포함되어 있는 것이다. 증명하는 말은 아미타경에 있지만 역시 그 의미는 무량수경 등에도 통한다.

그러므로 천태지의대사(天台智顗大師)의 정토십의론(淨土十疑論)에서, 또 아미타경(阿彌陀經) 대무량수경(大無量壽經) 고음성다라니경(鼓音聲陀羅尼經) 등에는 "석존이 이 경을 설하셨을 때 시방세계의 모든 부처님들이 각기 혀를 내어 삼천대천세계를 덮으시고 진실한 말씀으로 모든 중생들이 아미타불의 이름을 부르면 아미타부처님의 크신 본원의 힘을 입어 반드시 극락세계에 왕생할 수 있다는 것을 증명하셨다"라고 설해진 것으로도 잘 알 수 있을 것이다.

問曰：若依本願證誠念佛者,《雙卷》《觀經》等說念佛時, 何不證誠乎?

答曰：解有二義, 一解雲：《雙卷》《觀經》等中, 雖說本願念佛, 而兼明餘行, 故不證誠；此經一向純說念佛, 故證誠之。二解雲：彼《雙卷》等中, 雖無證誠之言, 此經已有證誠。例此思彼, 於彼等經中所說念佛, 亦應有證誠之義。文在於此經, 義通於彼經。故天台《十疑論》雲：

又《阿彌陀經》、《大無量壽經》、《鼓音聲陀羅尼經》等雲：釋迦佛說此經時, 有十方世界, 各恒沙諸佛, 舒其舌相, 遍覆三千世界, 證誠一切眾生, 念阿彌陀佛, 乘佛本願大悲願力故, 決定得生極樂世界。

대세지보살

제 15 장 / 제불의 보호

육방(六方) 제불(諸佛)이 염불행자를
특히 유의하셔서 보호하시는 일을 설한 글.

관념법문(觀念法門)에 다음과 같이 말하고 있다.

또 아미타경에 설해져 있는 것처럼 만일 중생이 칠일(七日) 칠야(七夜) 동안 또는 일생 동안 오직 한마음으로 정성껏 아미타불을 부르며 왕생하기를 원한다면 이 사람은 항상 육방(六方)에 계신 모든 부처님들이 다함께 보호하여 주신다. 그러므로 특히 유의하셔서 보호하시는 경이라고 하는 것이다.

'특히 유의하셔서 보호하시는 경'이란 의미는 많은 악마나 귀신들이 접근하지 못하도록 하고 갑작스럽게 병에 걸리거나 죽음 등 불행이 닥치지 않도록 하여 모든 재난과 장해가 자연히 사라지는 것을 말한다. 다만 진실한 마음이 없는 자는 예외다.

또 왕생예찬(往生禮讚)에서도 만일 아미타부처님을 칭송해서 왕생하는 자라면 이 세상에서는 육방에 많은 부처님들이 항상 유의하셔서 보호하시는 경이라고 한다. 바로 지금이야말로 아미타불의 이름을 부르면 반드시 왕생한다고 약속하신 본원에 맡겨야한다. 어째서 열심히 노력해서 정토에 가려고 하지 않는가?

《觀念法門》雲：又如《彌陀經》說，若有男子女人，七日七夜及盡一生，一心專念，阿彌陀佛，願往生者，此人常得六方恒河沙等佛，共來護念，故名「護念經」。護念經意者，亦不令諸惡鬼神得便，亦無橫病、橫死、橫有厄難，一切災障，自然消散，除不至心。

《往生禮贊》雲：若稱佛往生者，常爲六方恒河沙等諸佛之所護念，故名「護念經」。今既有此增上誓願可憑，諸佛子等，何不勵意去也。

질문함이라.

육방에 가득하신 부처님들은 무엇 때문에 염불행자를 유의하셔서 보호하시는가?

대답함이라.

육방(六方)의 제불(諸佛)들만이 보호하시는 것이 아니다. 아미타불, 관세음보살, 대세지보살도 다가와서 보호하신다. 그래서 왕생예찬(往生禮讚)에서는 다음과 같이 말하고 있다.

십왕생경(十往生經)에 "만일 어떤 사람들이 아미타불의 이름을 부르며 서방정토 극락세계에 왕생하기를 원한다면 아미타부처님은 25보살을 보내시어 염불행자를 보호하신다. 그래서 길을 걸을

법연상인

때나 자리에 앉아 있을 때나 누워있을 때나 낮이나 밤이나 할 것 없이 그 어떤 시간, 그 어떤 장소에도 나타나시어 악귀나 악신이 접근하지 못하도록 지켜주신다"라고 하였다.

또 관무량수경에 설해져 있는 것처럼, 만일 아미타불을 칭송하고 예배하고 부르면서 정토왕생(淨土往生)하기를 원한다면 아미타불은 화신(化身)으로 나타난 무수한 부처님이나 관세음보살, 대세지보살을 보내시어 염불행자를 정성껏 보호하신다. 역시 또 앞에서 말한 25보살등과 함께 염불행자의 둘레를 백중(百重) 천중(千重)으로 에워싸 행주좌와 어묵동정(行住坐臥 語黙動靜) 간 그 어느 때 어느 장소를 가리지 않고 밤낮없이 항상 염불수행자의 곁을 떠나지 않는다.

지금 바로 이렇게 훌륭한 은혜가 있는 곳에 자기를 전부 맡겨야 한다. 부디 염불 이외의 길을 걷고 있는 자는 각기 진실한 마음으로 서방정토에 왕생하기를 발원하기 바란다.

私問曰：唯有六方如來, 護念行者, 如何?

答曰：不限六方如來, 彌陀、觀音等, 亦來護念, 故《往生禮贊》雲：

《十往生經》雲：若有衆生, 念阿彌陀佛, 願往生者, 彼佛即遣二十五菩薩，擁護行者；若行、若坐、若住、若臥、若晝、若夜，一切時，一切處，不令惡鬼惡神，得其便也。

又如《觀經》雲：若稱禮念阿彌陀佛，願往生彼國者，彼佛即遣無數化佛，無數化觀音、勢至菩薩，護念行者，複與前二十五菩薩等，百重千重圍繞行者，不問行住坐臥，一切時處，若晝若夜，常不離行者。今既有斯勝益可憑，願諸行者，各須至心求往。

또 관념법문(觀念法門)에서도 다음과 같이 설하고 있다.

관경(觀經)의 마지막 부분에 설해져 있는 것처럼 어떤 사람이 만일 지극한 마음으로 항상 아미타불과 관세음보살, 대세지보살 두 명의 보살을 부른다면 관세음보살과 대세지보살은 염불행자를 위해 좋은 친구와 길 안내자가 되어 이에 그림자처럼 따라다니며 염불수행자를 보호하신다.

그리고 또 반주삼매경(般舟三昧經)의 행품(行品)에 의하면 만일 어떤 사람이 일념(一念)으로 아미타불에 마음을 집중시켜 삼매(三昧)를 닦는다면 모든 신(神)들과 사천왕(四天王) 팔부신중(八部神衆)들이 그림자처럼 따라다니며 보호하고 사랑하며 아끼는 마음으로 지켜보시며 영원히 악귀신(惡鬼神)이나 재난, 장해(障害), 불행 등으로 고통 받는 일이 없도록 하신다. 자세한 것은 다음의 호지품(護持品)

속에 설하고 있는 것과 같다.

또 아미타불의 경지를 감득(感得)하기 위해서 도량에 들어갈 때를 제외하고 매일 아미타불을 부르기를 일만번씩 일생이 다하도록 계속 하는 자는 아미타불의 가호(加護)를 받아 지금까지의 모든 죄장(罪障)을 없앨 수 있다. 또 부처님과 모든 성자들이 모두 함께 오셔서 정성껏 보호해주시므로 그 사람은 수명이 길어져 장생(長生)하게 된다.

又《觀念法門》雲：

又如《觀經》下文：若有人至心常念阿彌陀佛及二菩薩，觀音、勢至，常與行人，作勝友知識，隨逐影護。

又雲：又如《般舟三昧經》「行品」中說雲：佛言：若人專行此念佛三昧者，常得一切諸天，及四天大王，龍神八部，隨逐影護，愛樂相見，永無諸惡鬼神，災障厄難，橫加惱亂。具如《護持品》中說。

又雲：除入三昧道場，日別念彌陀佛一萬，畢命相續者，即蒙彌陀加念，得除罪障。又蒙佛與聖眾，常來護念，即得延年轉壽。

대세지보살

제16장

아미타불의 명호를 부촉하심

석가여래(釋迦如來)가
아미타불의 명호를 간절하게
사리불(舍利弗) 등에 부촉하심을 설명한 글.

아미타경에 이르시기를, 부처님께서 이 경을 설해 마치시니 사리불(舍利弗)을 비롯하여 많은 비구와 이 세상의 모든 신(神), 사람, 아수라(阿修羅) 등이 부처님이 설하신 가르침을 듣고 환희심으로 받들면서 예배하고 자리에서 물러났다.

선도대사(善導大師)는 법사찬(法事讚)에서 이 문장을 해석하여 말하기를, 석존께서 설법하심을 마치시며 간절히 아미타불의 명호를 후세에 전하여 끊이지 않도록 당부하셨다. 인간의 능력도, 시기도 흐려짐이 증가해가는 오탁악세(五濁惡世)에 의혹이나 비난도 많아지고 따라서 출가자나 재가자 모두가 가르침을 꺼려하여 들으려고 하지 않는다. 만일 이 가르침대로 수행하는 사람이 있으면 오히려 그것을 보고 화를 내며 여러 가지 방법으로 방해를 하면서 미워하는 마음을 다투어낸다. 이처럼 천성적인 장님의 눈을 고칠 수 없는 것과 같이 발심(發心)하기 어려운 무리들이 신속히 미혹한 세계를 떠날 수 있는 가르침을 깨뜨리고 영구히 미혹의 세계에 잠기려 하고 있다.

대지(大地)의 작은 먼지를 세는 것과 같은 긴 시간이 지나도 삼종(三種)의 악도(惡道)에 떨어진 몸은 헤어날 수 없다. 그러므로 모든 사람들이 마음을 하나로 해서 모든 불법을 파괴하려는 대죄(大罪)에 떨어지는 소이(所以)를 알고 참회하여야 할 것이다.

대저 정토삼부경(淨土三部經)의 취지를 생각해 보면 많은 불도를 구하는 행 가운데 염불을 선택하여 귀착(歸着)해야 할 것을 본지(本旨)로 하고 있다.

우선 무량수경을 보면 삼종(三種)의 선택이 있다.

제1은 선택본원(選擇本願)

제2는 선택찬탄(選擇讚嘆)

제3은 선택유교(選擇留敎)이다.

제1의 '선택본원'이라는 것은 염불은 법장비구가 옛적에 이백십억(二百十億)의 불국토 가운데에서 선택된 정토에 왕생하는 단 하나의 행이다. 상세한 이유는 앞에 설한 것과 같다. 그 까닭에 선택본원이라는 것이다.

제2의 '선택찬탄'이라는 것은 앞에서 설한 것과 같이 정토를 원하는 사람의 능력에 삼종(三種)의 구별이 있는데, 그 중 보리심 등의 다른 길을 구하는 방법을 들고는 있지만 석존은 염불 이외의 불도를 구하는 방법을 칭찬하시지 않았다. 다만 염불만을 칭찬해 염불이야 말로 가장 수승(殊勝)한 공덕이라고 말씀하셨다. 그 까닭에 '선택찬탄'이라고 말하는 것이다.

제3의 '선택유교'라고 하는 것은 앞에서 말한 것처럼 염불 이외의 불도를 구하는 방법에 의한 선과(善果)를 들고 있지만 석존은 오직 염불의 가르침 하나만을 선택하여 머물게 하였다. 그 까닭에 선택유교라고 하는 것이다.

《阿彌陀佛經》雲：佛說此經已，舍利弗及諸比丘，一切世間天人阿修羅等，聞佛所說，歡喜信受，作禮而去。

善導《法事贊》釋此文雲：

世尊說法時將了 殷勤付囑彌陀名

五濁增時多疑謗 道俗相嫌不用聞

見有修行起嗔毒 方便破壞競生怨

如此生盲闡提輩 毀滅頓教永沉淪

超過大地微塵劫 未可得離三途身

大眾同心皆懺悔 所有破法罪因緣

私雲：凡案三經意，諸行之中，選擇念佛，以爲旨歸。

先《雙卷經》中有三選擇：一選擇本願，二選擇贊歎，三選擇留教。

一、「選擇本願」者：念佛是法藏比丘，於二百一億土中，所選擇往生之行也，細旨見上，故雲選擇本願也。

二、「選擇贊歎」者：上三輩中，雖舉菩提心等餘行，釋迦即不贊歎餘行, 唯於念佛而贊歎雲 :「當知一念, 無上功德」, 故雲選擇贊歎也。

三、「選擇留教」者 : 又上雖舉餘行諸善, 釋迦選擇, 唯留念佛一法, 故雲 : 選擇留教也。

다음 관경(觀經) 가운데도 삼종(三種)의 선택이 있다.

제1은 선택섭취(選擇攝取)

제2는 선택화찬(選擇化讚)

제3은 선택부촉(選擇咐囑)이다.

제1의 선택섭취(選擇攝取)라고 하는 것은 관무량수경 가운데 정선(定善) 산선(散善)의 많은 행을 설하고 있지만 아미타불의 광명은 다만 염불하고 있는 사람들만을 비추어 섭취(攝取)하시어 버리시는 일이 없는 것을 말한다. 그 까닭에 선택섭취라고 하는 것이다.

제2의 선택화찬(選擇化讚)이라는 것은 하품상생(下品上生)의 능력자가 경을 듣는 것과 부처님의 명호를 부르는 것의 두 가지 행위가 있다고 하여도 아미타불은 모습을 나타내시어 "너는 염불을 선택하여 아미타불의 이름을 부르는 까닭에 모든 죄가 소멸되었다. 나는 지금 마중하러 왔다"고 하셨다. 그 까닭에 선택화찬이라고 말하는 것이다.

제3의 선택부촉(選擇咐囑)이라는 것은 정선(定善) 산선(散善)의 많은 행을 밝히고 있지만 다만 염불하는 행위 하나만을 후세까지 전해 끊이지 않도록 하였다. 그 까닭에 선택부촉이라고 하는 것이다.

次《觀經》中又有三選擇：一選擇攝取，二選擇化贊，三選擇付囑。

一、「選擇攝取」者：《觀經》之中，雖明定散諸行，彌陀光明，唯照念佛衆生，攝取不舍，故雲選擇攝取也。

二、「選擇化贊」：下品上生人，雖有聞經、稱佛二行，彌陀化佛選擇念佛雲：「汝稱佛名故，諸罪消滅，我來迎汝」，故雲選擇化贊也。

三、「選擇付囑」者：又雖明定散諸行，唯獨付囑念佛一行，故雲選擇付囑也。

다음 아미타경(阿彌陀經)에도 일종의 선택이 있다. 즉 선택증성(選擇證誠)이다. 이미 많은 경전 속에서 왕생을 위한 여러 가지 방법을 설하고 있지만 육방에 두루하게 계시는 부처님들께서 그 혀를 내어 삼천대천세계를 덮으시고 확고하고 진실한 말씀으로 성실히 설하며 이 법의 틀림 없음을 증명하셨다. 그 까닭에 선택증성이라고 하는 것이다.

그뿐만 아니라 반주삼매(般舟三昧)경에서도 일종의 선택이 설해져 있다. 즉 선택아명(選擇我名)이다.

아미타불께서 스스로 설하시길, "나의 나라 서방정토 극락세계에 태어나기를 원하는 사람은 항상 나의 이름을 불러 끊어지지 않도록 하여라"고 하셨다. 그 까닭에 선택아명(選擇我名)이라고 하는 것이다.

이상의 팔종(八種) 선택 가운데 본원과 섭취(攝取)와 아명(我名)과 화찬(化讚)의 사종은 아미타불께서 선택한 것이며, 찬탄과 유교(留敎)와 부촉의 삼종은 석존께서 선택하신 것이다. 증성(證誠)은 육방에 편재(遍在)한 갠지스 강가의 수많은 모래알처럼 많은 부처님들께서 선택하신 것이다.

그러므로 석존 아미타불 그리고 시방의 제불께서 마음을 하나로 하여 염불행 하나만을 선택하셨고 염불 이외의 불도를 구하는 방법에 대해서는 그렇지 아니하였다. 그 까닭에 정토삼부경(淨土三部經)은 모두 염불만을 선택해서 간요(肝要)한 것으로 했음을 잘 알 수 있다.

그대들이 생사의 방황의 세계에서 빨리 벗어나려고 한다면 이종(二種)의 뛰어난 방법 중 우선 성도문(聖道門)은 그대로 놔두고 정토문(淨土門)을 선택해서 들어가라. 정토문으로 들어가고자 한다면 정행(正行) 잡행(雜行)의 이행(二行) 중 우선 여러 가지의 잡행을 놓아버리고 정행을 선택해서 귀착(歸着)해야 할 것이다. 정행(正行)을 실천하려고 한다면 정업(正業)과 조업(助業)의 이행 중 조업은 그냥 놔두고 정업을 선택하여 전념하지 않으면 안 될 것이다.

정업(正業)이란 아미타불의 명호를 부르는 것을 말한다. 아미타 부처님의 이름을 부르면 반드시 왕생할 수 있다. 왜냐하면 부처님의 본원에 의한 까닭이기 때문이다.

次《阿彌陀經》中有一選擇, 所謂「選擇證誠」也。已於諸經中雖多說往生之諸行, 六方諸佛, 於諸而不證誠。至此經中, 說念佛往生, 六方恒沙諸佛, 各舒舌覆大千, 說誠實語, 而證誠之, 故雲選擇證誠也。

加之《般舟三昧經》中又有一選擇, 所謂「選擇我名」也。彌陀自說言 :「欲來生我國者, 常念我名, 莫有休息」, 故雲選擇我名也。

「本願、攝取、我名、化贊」, 此之四者是彌陀選擇也。

「贊歎、留教、付囑」, 此之三者, 是釋迦選擇也。

然則釋迦、彌陀, 及十方各　沙等諸佛, 同心選擇念佛一行, 餘行不爾, 故知三經俱選念佛以爲宗致耳。計也夫 :

欲速離生死 二種勝法中 且擱聖道門 選入淨土門

欲入淨土門 正雜二行中 且拋諸雜行 選應歸正行
欲修於正行 正助二業中 猶傍於助業 選擇專正定
正定之業者 即是稱佛名 稱名必得生 依佛本願故

질문함이라.

화엄, 천태, 진언, 선문(禪門), 삼론(三論), 법상(法相) 등 각종(各宗)의 고승들이 각각 정토의 가르침에 대해서 저술하고 있다. 어찌하여 이러한 고승들의 저작에 의지하지 않고 다만 선도대사(善導大師) 한 사람의 저작에 의지하는가?

대답함이라.

그들 고승들은 각각 정토의 가르침에 대하여 저술하였지만 정토를 종(宗)으로 삼지 않았고 단지 성도(聖道)의 가르침으로 종(宗)을 삼았기 때문에 그들 고승들을 의지하지 않은 것이다. 그러나 선도화상은 오로지 정토를 종으로 삼았고 성도(聖道)를 종으로 삼지 않았다. 그 까닭에 오로지 선도대사 한 사람을 의지한 것이다.

질문함이라.

정토의 조사(祖師)들도 그 수가 많으니 예를 들면 홍법사(弘法寺)의 가재(迦才)나 자민(慈愍) 삼장(三藏) 등이 있다. 어찌하여 그들 고승들을 의지하지 아니하고 다만 선도대사 한 사람만을 의지하는가?

대답함이라.

그들 고승들은 정토를 종으로 삼고 있지만 아직 여래(如來)의 경지를 눈앞에 감득(感得)하는 염불삼매(念佛三昧)를 얻지 못했다. 그러나 선도대사는 염불삼매를 얻어 이 경지를 감득하신 분이다. 이 경지에 관해서는 이미 증거가 있다. 그 까닭에 우선 선도화상에 의지하는 것이다.

질문함이라.

만일 부처님의 경지를 눈앞에 감득하는 것에 의한다면 회감(懷感)법사도 또한 이 경지를 감득하신 분이다. 어찌하여 의지하지 아니하는가?

대답함이라.

선도화상은 스승이고 회감(懷感)은 제자이다. 그 까닭에 스승에 의지하고 제자에 의지하지 않는 것이다. 하물며 스승과 제자 사이에 해석의 차이가 많이 있다. 그 까닭에 제자를 의지하지 않는 것이다.

問曰：華嚴、天台、真言、禪門、三論、法相諸師, 各造淨土法門章疏, 何不依彼等師, 唯用善導一師乎?

答曰：彼等諸師雖造淨土章疏，而不以淨土爲宗，唯以聖道而爲其宗，故不依彼等諸師也。善導和尚偏以淨土而爲宗，而不以聖道爲宗，故偏依善導一師也。

問曰：淨土祖師其數又多, 謂弘法寺迦才, 慈愍三藏等是也, 何不依彼等諸師, 唯用善導一師哉?

答曰：此等諸師雖宗淨土，未發三昧，善導和尚是三昧發得之人也；於道既有證，故且用之。

問曰：若依三昧發得者，懷感禪師亦是三昧發得之人也，何不用之?

答曰：善導是師也，懷感是弟子也；故依師而不依弟子也。況師資之釋，其相違甚多，故不用之。

질문함이라.

만일 스승을 의지하고 제자를 의지하지 않는다면 도작선사(道綽禪師)는 선도화상의 스승이다. 더구나 정토의 조사이다. 왜 이 사람을 의지하지 않는가?

대답함이라.

도작선사는 사장(師匠)이기는 하지만 아직 삼매(三昧)를 얻지 못해서 부처의 경지를 감득하지 못했다. 그래서 그는 왕생할 수 있는지 없는지 알 수가 없어서 제자인 선도(善導)에게 "나 도작(道綽)은 염불하고 있는데 왕생할 수 있는가 없는가?"라고 물었다.

선도(善導)는 일경(一莖)의 연화(蓮華)를 가지고 와서 "이것을 불전(佛前)에 놓고서 위의(威儀)를 바르게 하고 부처님 둘레를 칠일 동안 돌면서 염불하는 동안 이 연꽃이 시들지 않는다면 왕생할 수 있을 것입니다"라고 대답하였다. 그래서 도작은 칠일 동안 그대로 일념(一念)으로 염불을 하였다. 과연 꽃은 시들지 않고 색이 변하지 않았다.

도작은 선도(善導)의 수행이 깊은데 감탄하여 삼매의 경지에 들어가서 왕생할 수 있는지 없는지를 관찰해 줄 것을 부탁하였다.

선도는 곧바로 삼매의 경지에 들어갔다 나오며 말하기를 "존경하는 스승님, 당신은 삼종(三種)의 세 가지 죄를 참회하지 않으면 안 됩니다. 참회하면 지금 바로 서방정토에 극락왕생할 수 있습니다.

참회할 일은 첫째, 존사(尊師)가 일찍이 귀중한 불상을 문 밖에다 놓고서 자기는 따뜻한 안방에 들어가 계셨습니다. 둘째는 출가자를 막 부리며 일을 시켰습니다. 셋째는 집을 지을 때 많은 벌레를 죽이고 상처를 입혔습니다.

존사(尊師)는 시방에 계시는 불전(佛前)에 제1의 죄를 참회해야 하며, 사방에 있는 스님들 앞에 제2의 죄를 참회해야 하며, 모든 사람들 앞에 제3의 죄를 참회해야만 합니다"라고 대답하였다.

도작선사는 조용히 과거의 과실을 떠올리며 선도화상이 말한 것이 모두 사실이라는 것을 알고 마음을 청정하게 하고서 참회하였다.

선도(善導)는 "존경하는 스승님의 죄는 소멸했습니다. 스승님 앞으로 흰 광명이 빛날 것인데 이것은 존경하는 스승님이 왕생하는

표시입니다"라고 말하였다.[이상 신수왕생전(新修往生傳)]

여기에서도 잘 알 수 있듯이 선도화상은 염불삼매를 얻어 부처의 경지를 직접 감득(感得)할 수 있는 수행이 되어있고, 그 수행의 힘은 오히려 스승인 도작(道綽)만큼 훌륭하였다. 선도화상의 지혜와 수행력은 예사가 아니었다는 것을 이것으로 알 수 있다. 더구나 당시 사람들에게는 "불법이 동쪽의 중국에 전해지고 난 뒤 지금까지 선도대사와 같이 훌륭한 덕(德)을 지닌 사람은 없었다"라는 말이 전해지고 있었다. 예가 드문 높은 덕(德)은 아무리 칭찬하여도 지나치지 않을 것이다.

問曰 : 若依師而不依弟子者, 道綽禪師者是善導和尚之師也, 抑又淨土祖師也, 何不用之?

答曰：道綽禪師雖是師，未發三昧，故不知往生得否。問善導曰：「道綽念佛，得往生否？」導令辨一莖蓮華，置之佛前，行道七日不萎悴，即得往生。依之七日，果然華不萎黃，綽歎其深詣，因請入定，觀當得生否？導即入定，須臾報曰：師當懺三罪，方可往生，一者師嘗安佛尊像在簷牖下，自處淨房；二者驅使策役出家人；三者營造屋宇，損傷蟲命。師宜於十方佛前懺第一罪，於四方僧前懺第二罪，於一切眾生前懺第三罪。綽公靜思往咎，皆曰不虛，於是洗心悔謝，訖而見導。即曰：師罪滅矣！後當有白光照燭，是師往生之相也。爰知善導和尚者，行發三昧，力堪師位，解行非凡，將是曉矣！況又時人諺曰：「佛法東行以來，未有禪師盛德矣。」絕倫之譽，不可得而稱者歟！加之，條錄《觀經》文義之刻，頗感靈瑞，屢預聖化。既蒙聖冥加，然造經科文，舉世而稱「證定疏」，人貴之如佛經法。即彼《疏》第四卷奧雲：

敬白一切有緣知識等，餘既是生死凡夫，智慧淺短，然佛教幽微，不敢輒生異解，遂即標心結願，請求靈驗，方可造心。南無歸命盡虛空遍法界，一切三寶，釋迦牟尼佛、阿彌陀佛、觀音勢至，彼土諸菩薩大海眾，及一切莊嚴相等。某今欲出此《觀經》要義，楷定古今，若稱三世諸佛、釋迦佛、阿彌陀佛等大悲願意者，願於夢中，得見如上所願，一切境界諸相。於佛像前結願已，日別誦《阿彌陀經》三遍，念阿彌陀佛三萬遍，至心發願。即於當夜，見西方空中，如上諸相境界，悉皆顯現，雜色寶山，百重千重，種種光明，下照於地，地如金色。中有諸佛菩薩，或坐或立，或語或默，或動身手，或住不動者。既見此相，合掌立觀，量久乃覺，覺已不勝欣喜，於即條錄義門。自此以後，每夜夢中，常有一僧，而來指授，玄義科文，既了更不複見。

後時脫本竟已，複更至心，要期七日，日別誦《阿彌陀經》十遍，念阿彌陀佛三萬遍。初夜後夜，觀想彼佛國土莊嚴等相，誠心歸命, 一如上法, 當夜即見三具鎧輪, 道邊獨轉。忽有一人, 乘白駱駝, 來前見勸：「師當努力, 決定往生, 莫作退轉, 此界穢惡多苦, 不勞貪樂」。答言：「大蒙賢者, 好心視誨, 某畢命爲期, 不敢生於懈慢之心。」第二夜見阿彌陀佛身真金色, 在七寶樹下金蓮華上坐, 十僧圍繞, 亦各坐一寶樹下。佛樹上乃有天衣掛繞, 正面向西, 合掌坐觀, 第三夜見兩幢杆, 極大高顯, 幡懸五色, 道路縱橫, 人觀無礙。既得此相已, 即便休止, 不至七日。

上來所有靈相者, 本心爲物, 不爲己身。既蒙此相, 不敢隱藏, 謹以中呈義後, 被聞於末代。願使含靈, 聞之生信, 有識睹者西歸。以此功德, 回向衆生, 悉發菩提心, 慈心相向, 佛眼相看, 菩提眷屬, 作真善知識, 同歸淨國, 共成佛道, 此義已請證定竟。一句一字, 不可加減, 欲寫者一如經法, 應知。

그뿐만 아니다 선도대사가 관경소(觀經疏)를 서술함에 있어서 경을 해석하기 위해 내용별로 과단(科段)을 나누어 기술할 때 신비한 상서[奇瑞]가 여러 번 나타나 때때로 몽중에 아미타부처님의 가르침을 받았다. 아미타부처님의 힘을 입어 경의 의미를 분명하게 밝힌 책(册)이기 때문에 당시의 사람들은 선도(善導)의 관경소(觀經疏)를 아미타부처님이 밝힌 증정(証定)의 소(疏)라고 찬탄하였다. 그리고 후세 사람들은 이 책(冊)을 부처님이 설하신 불경(佛經)처럼 귀중하게 대해 왔다. 이것에 관해서는 선도(善導) 자신이 관경소(觀經疏) 제4권(卷)의 오서(奧書)에 다음과 같이 기록(記錄)하고 있다.

"삼가 정토의 가르침에 인연이 깊은 지혜와 덕이 뛰어난 훌륭한 분들에게 말씀드리고 싶다. 나는 아직도 생사의 고통 속을 헤매고 있는 어리석은 범부로서 지혜도 얕고 이해력도 부족하다. 그런데 부처님의 가르치심은 심오하여 범부의 지혜로는 도저히 헤아릴 수가 없다. 관경(觀經)의 가르침에 대해서 여러 가지 설명을 한 옛 선사(先師)들의 뛰어난 견해가 없는 것은 아니지만 나의 견해가 옳은지 어떤지를 알고 싶어서 나의 진심을 불전(佛前)에 바쳐서 나의 견해가 옳으면 영험(靈驗)이 있기를 발원한다.

지심(至心)으로 귀명(歸命)하나이다. 허공법계(虛空法界)에 편만하신 일체삼보(一切三寶) 석가모니불, 아미타불, 관세음보살, 대세지보살, 그리고 정토에 계시는 대해중보살(大海衆菩薩) 그리고 일체장엄상(一切莊嚴相)에 지극한 마음을 바쳐 귀명하나이다. 나는 지금 이 관경(觀經)의 간요(肝要)한 의의을 밝히고 잘못된 고금의 견해를 바로잡으려고 합니다. 만일 과거 현재 미래 삼세(三世)의 부처님들 그리고 석가모니부처님, 아미타부처님 당신들의 자비심에 넘치는 서원의 주지(主旨)에 맞는 것이라면 부디 꿈속에서 지금까지 말한 소원대로 정토의 모든 경계를 보여주시기 바랍니다"라고 불전에 원을 세우고 매일 아미타경을 삼편(三遍)씩 독송하고 아미타부처님을 삼만편씩 부르면서 정성을 다하였다.

그러자 그날 밤 꿈속에 서방의 공중에 앞에서 말한 것과 같은 정토의 장엄(莊嚴)하고 아름다운 경계의 모습이 모두 나타났다. 여러 가지 아름다운 색깔로 된 보산(寶山)이 백중(百重) 천중(千重)으로 둘러싸였고 찬란한 오색광명이 대지를 비추고 있어서 넓은 대지는 마치 금색처럼 빛나 보였다. 그 속에는 많은 부처님과 보살들이 계셨는데 앉아 계시는 분도 있었고, 서 계시는 분, 그리고 이야기하거나, 그냥 조용히 계시는 분도 있었다.

이 모양을 보고 잠시 합장(合掌)하고 있으니 꿈이 깼다 하지만 꿈에서 깨어났어도 그 기쁨과 환희는 억누를 수가 없었다. 그래서 관경(觀經)의 내용을 분과(分科)하여 개조적(箇條的)으로 기록했던 것이다.

이 뒤부터는 매일 밤 꿈속에 스님 한 분이 나타나 관경(觀經)의 유현(幽玄)한 도리를 분과별(分科別)로 가르쳐 주었다. 그리고 그것이 다 끝나자 두 번 다시 꿈속에 나타나지 않았다.

그 뒤 초교(草轎)가 완성되었기 때문에 더욱 심혈을 기울여 칠일동안 날마다 아미타경을 십편(遍)씩 독송하고 아미타불의 국토에 장엄되어 있는 모습을 관상(觀想)하며 지극한 정성으로 귀명(歸命)하여 꼭 전술(前述)한 것과 같이 예배 발원하였다.

그런데 그날 밤 향(香)과 화병(花瓶), 그리고 촉대(燭台) 등 세 가지를 갖춘 둥근 맷돌이 길바닥에서 혼자 돌고 있었다. 그러자 흰 낙타를 탄 사람이 바로 앞에 와서 "당신은 열심히 노력해서 반드시 서방정토 극락세계에 왕생하도록 하시오. 지금까지의 노력이 허사로 돌아가는 일이 없도록 하시오. 이 세속 세계는 더러움과 악으로 꽉 찬 세계이니 욕심을 품고 그것에 힘써서는 안 되오"라고 권고(勸告)하였다.

그래서 "당신의 크고 친절하신 교훈을 명심하겠습니다. 내 일생동안 결코 태만한 마음을 품지 않겠습니다"라고 대답하였다.

제2야(夜)에는 아미타불의 신체가 순수한 금색으로 빛나며 칠보(七寶)의 나무 그늘 황금의 연화(蓮華) 위에 앉아 계시는 것을 보았다. 부처님의 주위에 스님 열 분이 둘러싸고 있었는데 역시 그 한 분 한 분도 일보(一寶)의 나무 밑에 앉아 계셨다. 부처님이 앉아 계시는 나무 위에는 천의(天衣)가 걸려있었다. 자세를 단정히 하고 서쪽을 향해 합장하고 앉으면서 이 모습을 관찰하였다.

삼일 째 되는 밤에는 굉장히 크고 높은 깃대에 오색의 깃발이 걸려 있는 것을 보았다. 그리고 도로가 종횡으로 나 있어서 사람들을 보는데 방해가 되지 않았다.

이러한 영험을 이미 볼 수가 있어서 내가 관경(觀經)을 설한 내용이 틀림이 없음을 알았기 때문에 칠일을 채우지 않아도 되었다. 이상 내가 본 영험(靈驗)을 말한 것은 다른 사람들을 위해서이지 결코 내 자신을 자랑하기 위해서는 아니다. 그러나 이렇게 훌륭한 정토의 모습을 볼 수가 있었으므로 이것을 결코 감추어 둘 수가 없다.

정중히 이 의의를 관경소(觀經疏)의 끝부분에 덧붙여 두어 올바른 가르침의 표시로서 먼 후세까지 들려주고 싶다.

원컨대 뜻있는 자들은 이것을 듣고 믿음을 굳게 세워 서방정토에 귀명(歸命)하기를 바란다. 이와 같은 모든 공덕을 일체중생에게 베풀어 다함께 보리심을 발하여 자비로운 마음으로 서로를 상대하고 부처님의 눈으로 지켜주고 깨우침을 얻어 획득할 때까지 친족과 같이 사귀며 진실하고 올바른 도리를 가르쳐 주는 자가 되어서 같은 서방정토 극락세계에 태어나 불도를 함께 성취하기를 간절히 바란다.

이 관경소(觀經疏)는 이미 증명을 청하여 그대로 틀림이 없음이 확인되었다. 그러므로 일자일구(一字一句)도 첨삭[加減]해서는 안 된다. 만약 이것을 옮겨 쓰고 싶은 자는 부처님 경전을 옮겨쓸 때와 같이 정중하게 대하지 않으면 안 된다.

이 글을 잘 생각해 보면 선도대사의 관경소(觀經疏)는 서방정토로 안내하는 지남(指南)으로서 염불하는 자에게는 눈이나 발과 같이 소중한 것이다. 그러므로 서방정토를 발원하는 염불행자는 반드시 우러러 공경해야만 한다. 특히 매일 밤 꿈속에서 스님이 나타나 관경(觀經) 관무량수경의 유현(幽玄)한 도리를 가르쳤다고 하는 그 스님은 아마 아미타불이 모습을 바꾸어서 나타난 것일 것이다. 만일 그렇다면 이 관경소(觀經疏)야말로 아미타불이 직접 전하시고 설하신 것이라고 하지 않으면 안 된다. 더구나 중국에서는 선도대사야말로 아미타불의 화신(化身)으로 이 세상에 나타나신 분이라고 전해지고 있다. 만일 그렇다면 이 글이야말로 아미타불이 직접 설하신 것이라고 해야만 할 것이다. 이미 선도대사는 이것을 옮겨 쓰고 싶은 자는 정중하게 부처님 경전과 같이 소중히 해야 한다고 말씀하셨는데 이 말은 진실이다.

삼가 선도화상(善導和尙)의 원래의 몸을 생각해 볼 때 48원의 서원을 세우신 아미타불이시고 십겁(十劫) 전의 먼 옛날 서원을 세워 부처가 되신 분이기 때문에 그 본원에 의지하여 염불한다면 구제를 받을 수 있다. 그리고 아미타불이 중생을 구제하기 위하여 화신(化身)으로 이 세상에 나타나신 분이 선도대사이기 때문에 오직 염불하라고 가르치고 이끌어 주시고 있는 것이다.

아미타불을 직접 만나서 전수 받은 삼매(三昧)의 정수(正受)이므로 왕생하는 것에는 추호도 의문이 없다. 그래서 아미타불과 선도대사는 부처님과 사람이라는 상이한 차이는 있어도 교화하는 길은 똑같은 것이다.

이러한 이유로 나는 옛날 관경소(觀經疏)를 펼쳐보고서 선도대사의 깊은 뜻을 깨닫게 되었다. 그래서 곧바로 나머지 여타의 행을 버리고 염불행에 귀의하게 된 것이다. 그때부터 오늘날까지 오직 염불만을 내 자신 스스로도 행하고 남에게도 가르쳤다. 그래서 나는 가끔 들어서야 할 길[道]을 질문하는 자에게는 서방정토야말로 누구라도 들어설 수 있는 길임을 가르쳐주고, 어떤 행을 해야 하는

지 묻는 자에게는 염불법문(念佛法門)이라는 다른 행과는 다른 특별한 행을 가르쳤다.

이것을 믿는 자는 아주 많았고 믿지 않는 자는 아주 적었다. 이것으로도 잘 알 수 있듯이 서방정토의 가르침은 인간의 소질이나 능력에 따라 그것을 실천할 수 있는 시기상응(相應)의 법이다. 또 염불을 행하면 마치 달이 물 위에 비치듯이 곧바로 염불하는 범부에게 부처님은 응답하신다. 그런데 지금 뜻밖에도 등원겸실공(藤原兼實公)의 청을 받아 거절할 수가 없어서 미흡하나마 염불을 설한 중요한 글을 한데 모았고 거기에 염불의 깊은 의미를 말했다. 단지 이것은 청에 따른 것일 뿐이지 내 자신의 어리석고 부족한 지혜를 돌아보지 않았다. 이것이야말로 참으로 무참무괴(無慚無愧)할 따름이다.

부디 원컨대 한번 보시고 난 뒤는 벽저(壁底)에 파묻어 창(窓) 앞에 남겨두는 일이 없도록 해주기 바란다. 왜냐하면 만일 믿지 않는 사람이 이것을 보고 비난한다면 바른 가르침을 비난한 죄로 악도(惡道)에 떨어지는 것이 두렵기 때문이다.

靜以善導《觀經疏》者，是西方指南，行者目足也。然則西方行人，必須珍敬矣！就中每夜，夢中有僧，指授玄義，僧者恐是彌陀應現。爾者可謂此疏是「彌陀傳說」，何況大唐相傳雲：「善導是彌陀化身也」。爾者可謂又此文是「彌陀直說」。既雲：欲寫者一如經法, 此言誠乎。

仰討本地者, 四十八願之法王也, 十劫正覺之唱, 有憑於念佛；俯訪垂跡者, 專修念佛之導師也, 三昧正受之語, 無疑於往生。

本跡雖異, 化導是一也。

於是貧道者, 披閱茲典, 粗識素意, 立舍餘行, 雲歸念佛。自其以來, 至於今日, 自行化他, 唯宰念佛。然則希問津者, 示以西方通津；適尋行者, 誨以念佛別行。信之者多, 不信者甚少。

當知：淨土之教, 叩時機而當行運也；念佛之行, 感水月而得升降也。而今不圖蒙仰, 辭謝無地, 仍今　集念佛要文, 剩述念佛要義。唯顧命旨, 不顧不敏, 是即無慚無愧之甚也。庶幾一經高覽之後, 埋於壁底, 莫遺窗前, 恐令破法之人, 墮於惡道也。

법공양(法供養) 동참제자

- 여양진씨 진구범, 김해김씨 김지태, 수성최씨 최금형 영가
  임신생 김상화, 기해생 김영준, 갑진생 진선희, 무인생 김순자
- 최태영 상서선망부모(上逝先亡父母), 경주최씨 최영옥, 동래정씨(증조모), 최삼용, 경주이씨(조모), 최재득, 최점식, 최길영 영가.
  정미생 최태영, 무신생 임혜경, 병자생 최연선, 정해생 최윤서, 갑술생 박경숙.
- 여산송씨 송수영, 경주최씨 최윤희 영가.
  을미생 최효영, 병신생 정금순, 경신생 최동철, 신유생 최윤정, 정해생 최솔, 임진생 최율.
- 경자생 최명영, 신축생 이순애, 을축생 최선희, 기사생 최미희, 기묘생 최연희.
- 임재응 上逝先亡父母, 부안임씨 임민수, 임재중, 임상혁 영가.
  갑오생 임재응, 경오생 백순기, 임인생 임경애, 병오생 임미경.
- 안동김씨 김우호 영가.
  갑신생 한명자.
- 장숙자 上逝先亡父母, 순천장씨 장창호, 장광식, 강릉함씨 함종숙 영가.
  갑술생 이종갑, 임인생 이성수, 병오생 장숙자, 갑술생 이승주, 계유생 이동림, 무오생 김현구.
- 경진생 이예지, 임신생 이현규, 경자생 이태준, 병오생 김경아, 무신생 김경일, 경술생 김경윤.
- 연안차씨 차성균 차진조 차진해, 안동권씨 권증복 권죽자 권부길, 박기순 영가.
  무인생 김길환, 갑신생 차진기, 병술생 권명자, 경술생 김재갑, 신해생 차유현, 신사생 김가희, 계미생 김민성, 정해생 김가연, 무자

생 김민재, 신해생 가명, 계축생 차설영, 무자생 가호월, 무오생 차웅걸, 을묘생 김신옥, 정해생 차유혁, 경인생 차유정, 경진생 이예지, 임신생 이현규, 경자생 이태준, 병오생 김경아, 무신생 김경일, 경술생 김경윤.

◒ 이유경 上逝先亡父母, 원주이씨 이장천, 송공엽, 이성남, 이란, 김창호, 이정윤, 이정숙, 오재식, 김양희 영가.
갑신생 김정자, 병오생 이유경, 임자생 이현주, 이명자, 이지환.

◒ 무신생 김한수, 무신생 이은순, 무인생 김희영, 기미생 오현진, 무오생 이행후, 계미생 이소영, 갑신생 이시현, 신사생 이도관, 갑오생 이도영.

◒ 김재경 上逝先亡父母, 의성김씨 김호상, 안동권씨 권우홍, 김득련, 김윤연 영가.
병술생 김만복, 을유생 주경분, 정미생 김재경, 병자생 김영은, 임오생 김영웅, 신축생 이경화, 계해생 김현주, 을축생 김정주, 경자생 김중연, 계묘생 양두리.

◒ 주경분 上逝先亡父母, 신안주씨 주해성, 경주최씨 최차희, 주경조, 주경안, 주대식 영가.
기해생 김영창, 무술생 주옥분, 임인생 권필열, 신축생 주옥순.

◒ 신호식 上逝先亡父母, 평산신씨 신차실 영가.
병인생 이소분, 신해생 신호식, 임자생 김재숙, 기축생 신동헌

◒ 정경옥 上逝先亡父母, 영광정씨 정삼성 영가.
갑인생 김재운, 무오생 정경옥, 을유생 여보경, 병술생 여준상, 갑오생 김준영

◒ 함안조씨 조현예 영가.
갑오생 김대석, 을미생 조재선, 계유생 김정득, 기사생 안증득, 무술생 조재우, 정미생 조재익, 신축생 김만석, 기축생 조재환, 계사생 조재숙.

발원게(發願偈)

願以此功德 普及於一切 我等與衆生

當生極樂國 同見無量壽 皆共成佛道

원하옵나니, 이 공덕이 일체 모두에게 두루 미치어

(살아서는 무병장수와 행복을 누리고 소원성취 하며)

나와 그리고 중생들이 저 극락세계에 태어나서

무량수부처님(阿彌陀佛)을 함께 뵈옵고

모두 다 불도(佛道)를 이루어지이다.

나무아미타불 나무아미타불 나무아미타불

법공양 문의 ☎02-2632-8739